CLAUDIA OBERT

MIT MARTINA TAUBERT

LIFE IS A Party!

CLAUDIA OBERT

MIT MARTINA TAUBERT

LIFE IS A Party!

Mein Leben zwischen Champagner, Männern und Millionen

riva

Bibliografische Information der Deutschen Nationalbibliothek:
Die Deutsche Nationalbibliothek verzeichnet diese Publikation in der Deutschen Nationalbibliografie; detaillierte bibliografische Daten sind im Internet über http://d-nb.de abrufbar.

Für Fragen und Anregungen
info@rivaverlag.de

Wichtiger Hinweis
Ausschließlich zum Zweck der besseren Lesbarkeit wurde auf eine genderspezifische Schreibweise sowie eine Mehrfachbezeichnung verzichtet. Alle personenbezogenen Bezeichnungen sind somit geschlechtsneutral zu verstehen.

2. Auflage 2021

Türkenstraße 89
80799 München
Tel.: 089 651285-0
Fax: 089 652096

Redaktion: Redaktionsbüro Diana Napolitano
Redaktionelle Mitarbeit: Nadine Rosenberger
Umschlaggestaltung: Isabella Dorsch
Umschlagabbildung: © Marc Rehbeck
Satz: abavo GmbH, Buchloe
Druck: GGP Media GmbH, Pößneck
Printed in Germany

ISBN Print 978-3-7423-1917-3
ISBN E-Book (PDF) 978-3-7453-1641-4
ISBN E-Book (EPUB, Mobi) 978-3-7453-1642-1

Weitere Informationen zum Verlag finden sie unter
www.rivaverlag.de
Beachten Sie auch unsere weiteren Verlage unter *www.m-vg.de*

Inhalt

Kapitel 1
Mein Corona-Krisenmanagement

»Ich glaube, ich muss dich mal besuchen, ist Hamburg schon abgeriegelt oder kann ich noch bei dir klingeln,« fragte ein gewisser Kai M. per SMS und mit reichlich Buchstabensalat.

Mit einem Kai hatte ich noch nie was, kann ich schwören – hatte zwar das Alphabet schon achtmal durch – von hinten bis vorn – aber noch nie einen Kai. Horst auch noch nicht. Detlef auch nicht.

Normalerweise lösche ich so eine Nachricht. Aber nicht am 22. März 2020. Seit einer Woche saß ich nämlich schwer auf dem Trockenen. Auch untenrum. Ich litt an akutem Corona-Coitus-Interruptus, seit mir das Virus den Zugang zu den einschlägigen Revieren verschloss. Stammlokale, wo ich in ungezwungener Atmosphäre seit Jahren unkompliziert mit paarungswilligen Jungs anbandel: Lockdown.

Mein Standardspruch seit Jahren: »Ich glaub, du willst mich kennenlernen.« Es gibt ja ganze Regale voll mit Büchern über Flirt-Tipps – dabei reichen dieser eine Satz und ein Lächeln. Aber seit dem 16. März hockte ich nicht nur auf einem Berg frisch gelieferter Sommerware mit Verfallsdatum Mai – sondern auch allein auf meinem Sofa, mein Verfallsdatum ebenfalls vor den Augen. Mit fast 60 haste echt keinen Puffer mehr für ne Pandemie.

Bis auf die Supermärkte wurden fast alle Geschäfte sowie Schulen und Kitas geschlossen, inklusive meinem Bazaar. Da hingen sie, die Etuikleider von einer gaaanz exklusiiiven Firma aus Loooondon.

Der Tourismus wurde runtergefahren, also nix Fluchtpunkt Ibiza und die Nachbarländer machten die Grenzen dicht. Fehlte nur noch die elektronische Fußfessel.

Seit 30 Jahren verkaufe ich Schuhe und Klamotten – mir war klar, das ist meine erste fette Krise – und ich begriff sofort – auch die Firma Schnackselhuber & Söhne hat ne heftige Flaute. Ich meine, wenn ich schon nicht arbeiten kann, dann will ich doch wenigstens knattern.

»Vielleicht kann dich ja mein Besuch reizen … überleg es dir« – es machte pling auf meinem Handy und Kai legte nach. Ich war total gelangweilt und wollte den Typ eigentlich nur hochnehmen und fragte: »Wie lange brauchst du, wann bist du hier?« Und er schrieb promptamente zurück: »Wo wohnst du denn? Da schaue ich mal und kann dir einen Preis nennen.« Der erste Impuls: Kostenvoranschlag? Kai ist Handwerker. Vielleicht Klempner? Ich sollte auf Anhieb richtig liegen – denn der Junge wollte bei mir Rohre verlegen. Ein Profi. Ein echter Callboy. Ein Handlungsreisender in Sachen mal ordentlich bei den Damen die Geräte durchpüstern.

Mit dem Charme eines zuverlässigen Klempnermeisters, der als Dienstleister alles hundertprozentig machen will, ging's erst mal um die Preise: »385 km Anfahrt. Das ist sportlich« schrieb der Kölner, dem die Frauen vertrauen. »Wie lange möchtest du mich erleben? Was willst du ausgeben, dann geht's einfacher.«

Der Junge war zielstrebig, er hatte mich offensichtlich ausspioniert. Im Fernsehen liefen die Trailer für die Sendung »Promis unter Palmen«, die nur drei Tage später auf Sendung gehen sollte. Ein Trash-Format, dem ich zu Glanz verhalf, weil mir live und in Farbe Richter Gnadenlos-Schill in der Botanik Thailands an meine Dattel griff. Ein anderer Teilnehmer erlangte Berühmtheit wegen seiner Geschlechtsteil-Vergrößerung – und genau: die Insider erinnern sich: Das war die Sendung, in der die Nick mir gegenüber handgreiflich wurde. Und bei Kai machte es katsching. Obert = TV-Gage = Kundschaft = Akquise. Warum nicht? Ich bin ja selbst Geschäftsfrau.

»Ich mache Hausbesuche.« Die Verhandlungen nahmen Fahrt auf – Richtung Hamburg-Eppendorf. Meine Antwort: »Vorfreude ist die schönste Freude.« Er war auf jeden Fall mit mehr Ernst bei der Sache – ich wollte eigentlich nur mal aufs Menü und die Preisliste gucken, war nur neugierig. Denn ich bin ja nun seit 45 Jahren sexuell recht überdurchschnittlich aktiv, aber ein Callboy, das war neu.

»550 Euro An- und Abfahrt – und für 1000 Euro bin ich 4 Stunden lang dein Gast.«

Mööööööööp. Gast? Ich zahl doch nicht 250 Euro Stundenlohn für einen »Gast« und tippte mir selbst an die Stirn, während ich aufs Handy starrte und meine Antwort formulierte. Doch nicht 1550 Euro dafür, dass Kai sich bei mir vier Stunden lang die Kölner Klöten schaukelt.

»Du hast den Führerschein auf Frauen gemacht – aber wer sagt, dass ich dich sexy finde? Du hast ein Bild von mir, ich aber nicht von dir.«

Ich sag nur: Vorsicht vor einem Blind Date. Was bei Cameron Diaz in Hollywood immer total supi läuft, flutscht zwischen Flensburg und Garmisch-Partenkirchen eher nicht immer so. Ich hatte mal einen am Telefon mit ner Stimme, mit der er dich schon am Apparillo feucht quatscht, und dann sitzt da am Treffpunkt ein Hobbit – mit Nelke im Knopfloch – an der Bar und du musst auf Magen-Darm machen, damit du sauber aus der Nummer rauskommst.

Ich hab's auch letztens auf Ibiza erlebt – da hat ne Truppe Männer sich Nutten bestellt, aber als die fünf kamen, gefielen sie nicht. Der einen fehlte ein Zahn, die andere hatte keine Titten und die Dritte roch nach Klostein. Muss man sich ersparen so unangenehme Situationen, geschäftlich wie privat – immer raus mit der Sprache – die meisten Leute verdaddeln zu viel Zeit mit falscher Höflichkeit und wundern sich dann, wenn die Dinge schieflaufen.

Von daher, als Callboy Kai dann noch kurz textete »nur Vorkasse« antwortete ich: »Horrorvorstellung, ich weiß nicht wer kommt, bin dann vielleicht abgeturnt und muss dann auch noch mit dir vögeln, weil ich bereits bezahlt hab und ich die vorausgezahlten 1550 Euro nicht mehr zurückbekomme.«

Ließ Kölner-Klöten-Kai nicht auf sich sitzen: »Ich bin ein Kerl. 1,94 m und 105 kg, groß, breit, bärtig.«

Claudi: »Wenigstens größer als eine Parkuhr.«

Kai: »An mir ist alles ein wenig größer.«

Dann kam ein Foto. Mehr Haare im Gesicht als der Bär an den Eiern. Auf einem weißen Flauschteppich steht Mr. Lover Boombastic vor einer weißen Lackschrankwand. Guter Schuh, sieht die Fachfrau sofort, schwarze Hose, schwarzes Hemd, selbstbewusste Pose, gute Zähne, ein Lächeln, Foto endet an der Oberlippe. Auf einem zweiten Foto dann das ganze Gesicht mit Sonnenbrille auf ner ziemlich großen Nase.

Höflich, wie man einen Kostenvoranschlag halt in guten Handwerkerkreisen beendet, textet Kai: »Ich würde mich sehr über deine Buchung freuen.«

Hochachtungsvoll dein neuer Stecher, denke ich.

Einen Tag später stand die Auftragsvergabe noch aus. Ich zögerte und er merkte das. Er musste das schon tausendmal gemacht haben. Wenn du einen Deal machen willst, musst du dranbleiben – und sehen, dass du einen Fuß in die Tür bekommst. Oder dein Ding Dong in den Schritt. Kai wusste das.

»Nimm doch die vier Stunden ohne Zeitdruck, Spaß haben, Prickeln und gemeinsam die Laken zerwühlen.« Mit solchen Nachrichten setzt der Profi immer wieder Impulse – bis du denkst: »Oh ja – Laken zerwühlen, now, jetzt, hier.« Kai legte mit einer Fremdsprache nach: »I'm that guy in a suit and tie that will act like a gentleman in public, hold the door, buy flowers but will bend you over pull your hair, and slap your ass in the bedroom.«

Fifty Shades of Grey im Rheinland. Ein gegoogeltes Meme. Ich kam mit Kai ins Gespräch – man hat ja noch die eine oder andere Frage zum Kleingedruckten. Corona setzte ihm jedenfalls auch zu – eine Amerikanerin, die jedes Jahr nach Europa kommt, um mit ihm einen gemeinsamen Urlaub zu verbringen, hing in den USA fest. »Damit gehen mir 35 000 Euro durch die Lappen. Das ist ekelhaft.« Seit drei Jahren hat er allein mit dieser Lady 35 000 pro Jahr gemacht – Cash in de Täsch. Olaf Scholz hat von Kai M., Nachname und Adresse unbekannt, noch nie gehört, da bin ich mir sicher.

Am 28. März 2020 – fünf Tage nach der ersten Kontaktaufnahme, stellte Kai die Frage aller Fragen: »Wann hattest du das letzte Mal Sex?«

Seit der Corona-Stress so richtig losging, waren drei Wochen vergangen. Da hatte ich noch mal Spaß mit einem sehr untreuen Ehemann aus Berlin. Der 28. war der Samstag – Montag musste ich nach Köln, für eine TV-Aufzeichnung. Die Produktion hatte mir Limousine mit Fahrer und Hotel organisiert. Ein Drei-Sterne-Vertreter-Schuppen in Pulheim, mit dieser typischen Kirschbaum-Furnier-Kombi aus Bett mit Umrandung und Nachttisch – und auf der Konsole stehen standardmäßig ein Fernseher, Wasserkocher und die immer gleiche Kunstpflanze.

Ja, in dieser Anonymität könnte das erste Treffen mit Kai stattfinden, dachte ich, als ich das Hotel im Netz beluscherte. Seit Promi

Big Brother galt ich als Star – Trashstar – Realitystar. Dieses Ding mit der Limousine, die mich abholen würde – irgendwie brachte mich das in Stimmung. Es würde mit dem Chauffeur zwar nur nach Pulheim gehen und nicht nach Paris – aber im Lockdown fickt der Teufel auch in der Provinz. Claudia Superstar bestellt sich einen Callboy ins Hotel. Ich war in einem Hype. Wegen »Promis unter Palmen« lief es eh gut – ständig wollte die Presse was, es war ne Menge Rummel. Okay, der Laden war zu, aber um mich rum war tierisch was los. Fand ich geil. Und Kai erwartete eine echte Prominummer.

Es gibt ja Männer, die haben richtig Bock auf Frauen mit blauem Häkchen bei Instagram. Blaue Häkchen kriegen alle unwiderstehliche Angebote per *direct message*. Nun also wieder ganz der ordentliche Handwerker Kai, der mich schon instruiert hatte: »Dann legst du unauffällig einen Umschlag mit 1000 Euro auf das Sideboard an der Tür – und dann sehen wir, was gefeiert wird.«

Vereinbart hatten wir 14 Uhr. Wer steht 14 Uhr pünktlich vor der Pulheimer Liebeshöhle? Kai. Er sah gut aus. Wieder ganz in schwarz, ordentliche Lederjacke. Also, wenn die in einer Soap einen Callboy besetzen müssten, das wäre er. Ich hab ihn dann vor dem Hotel aufgegabelt »Heeiiiiii, ich bin die Claudiiiiii« – und davon gibt es sogar noch ein Foto. Ich im grünen Blumenkleid. Hatte mich nicht groß gestylt, schließlich hatte ich eine Verabredung mit einem Stricher. Kein Stricher vom Hauptbahnhof für 50 Euro – mehr die 5000-Euro-Luxus-Liga. Aber ein Stricher.

Die hatten da am Hotel schon Osterdekoration aufgebaut. Und dass ich auf dem Foto ein Ei hochhalte, passte ja perfekt zu dem Nachmittag. Kai hat das Foto gemacht. Ich hab mir eine Flasche Champagner bestellt und Kaffee für Kai. Es war ja mitten im Lockdown, alles war geschlossen, auch die Hotelbar und das Hotelrestaurant. Aber irgendwie hatten die wohl Mitleid mit zwei Lovebirds und schlossen dann das Restaurant für uns auf. Da hockten wir also, wie in einer leeren Bahnhofshalle.

Ich sag zu ihm: »Tach, wie geht's, haste leicht hergefunden, wo haste geparkt?«

Und er dann auch so: »Ja, guter Parkplatz, schönes Wetter, was bist du im Sternzeichen?«

Also nix: »Isch beiß disch gleich Ohrläppchen.« Aber man muss ja erst mal reinkommen ins Thema. Ich dachte noch, er riecht gut – der ist gekauft – im wahrsten Sinne des Wortes. Wenn man angefixt ist von jemandem und mit dem ficken will, denkt man nicht wie Einstein über die Relativitätstheorie nach – da denkst du nur »let's do it«. Schnell Kaffee trinken und hoch aufs Zimmer. Ich wusste, ab jetzt tickt die Uhr. Vier Stunden à 250 Euro – aber ich hab mir keinen Stress gemacht. Also das war nicht: Blick auf die Uhr, rein ins Zimmer, dusch dich, rauf auf mich. Also so geht's auch nicht.

Aber es war eben auch nicht romantisch. Es war klar, es war ein Liebesdeal, ein Liebesdienst. Kein Flirt, kein Gefallen wollen. Die Treppen hoch, in den ersten Stock. Ich schließe die Tür auf und das erste, was Kai macht, ist, er schnappt sich besagten Umschlag mit den 1000 Piepen. Zack.

Ich hab mal bei Arte gesehen, wie schnell ein Chamäleon sich mit der ausfaltbaren Zunge ein Insekt reinflitscht. Hundertstel Sekunde – genauso schnell zockte sich Kais Lederjackenarm den Umschlag. Vorkasse halt. Und ich hab dann auch mal – im Vergleich zu ihm eher langsam, behutsam, dennoch beherzt zugegriffen –, in seinen Schritt. Die Geschäftsfrau kam in mir durch. Nun musste die Ware geprüft werden. So, wie wenn du in Hamburg auf dem Isemarkt zwei mittelgroße Auberginen in deine Handflächen plumpsen lässt, weil du einen Gemüseauflauf machen willst, die Früchte bisschen hin und her wiegst, 100 Gramm, 150 Gramm, so schaukelte ich kurz sein Gemächt. Es gefiel mir und ihm – und für Kai war es die wortlose Aufforderung für »Zieh dich aus«. Bis auf die Designerunterhose legte Kai alles ordentlich auf dem Sessel ab. Bisschen wilder hätte er durchaus sein können. Ich aber auch. Ich war unsicher und der Profi nervös.

»Mach's dir gemütlich« prostete ich ihm zu und meinte aber was ganz anderes. Da waren sie, Kais drei große K's: Kraulen, Kneten, Knabbern. Und mein Untergeschoss signalisierte auf der nach oben offenen Feuchtigkeitsskala, der Mann weiß, welche Knöpfe er bei den Damen drücken muss. Das hatte schon was von Klempner – das Rädchen bisschen nach links, noch mal messen, prüfen, noch mal nach rechts justieren. Messstab ranhalten.

Was spießig und unsicher begann, mutierte zu einem recht ordentlichen Nümmerchen. Bei manchem Griff wurde mir schwindlig, top Technik. Also da kannste dich mit manchem Date fünfmal treffen, da schraubt manch einer immer noch nach dreimal Dinner, zweimal Kino, einmal Mau-Mau und Spazierengehen mit Tief-in-die-Augen-gucken sinnlos an dir rum. Dann dachte ich, mich knutscht ein Callboy und plötzlich war seine Unterhose weg. Er war rasiert. Er trug zwar Bart, aber ansonsten war er *hairfree*, wie ein Marzipanschweinchen so rosig glatt – appetitlich. Dann haben wir ne Runde gevögelt und ich meine, er hat seinen Orgasmus gespielt. Das gehört wohl zum Geschäft, dass du als Kundin das Gefühl bekommst, dass du für ihn aufregend bist. Ausdauer hatte er. Ein bis zwei Stunden Rumrödeln waren kein Problem für ihn. Ich meine Chapeau Kai, dieses Kapitel ist dir gewidmet, denn meine Brüste hängen mittlerweile bisschen doof wie Teebeutel rum – und zwar wie Teebeutel, die schon länger in der Kanne hingen. Die Spannkraft meiner Haut ist nur bei günstigem Licht noch okay.

Es war gut. Keine Gefühle, aber sexy war es schon. Ich dachte, ich hab mir was gegönnt. Nicht der Burner Sex meines Lebens, aber so eine Art Wohlfühl-Wellness-Nachmittags-Fick.

Kai hatte sich dann neben mich gelegt. Ich wollte ein bisschen mehr über seinen Job erfahren und er erzählte recht unterhaltsam Schoten wie »Und dann wurde ich auf ein Kreuzfahrtschiff in Barcelona bestellt, von einem Mann. Der Auftrag: Vögel meine Frau, ich guck zu«. Solche Sachen – oder dass sich auf Ibiza eine ganze Gruppe reicher deutscher Ü60-Frauen in ihren Villen langweilen und du da als Callboy richtig Kasse machst.

Wusste ich auch schon – und wir stellten fest, wir haben gemeinsame Bekannte, seine Kundinnen sind auch meine. Jedenfalls haben wir uns verquatscht und ich hab nicht auf die Uhr geguckt, die ja bekanntlich beim Liebes-Klempner tickt. Fairerweise sagte Kai irgendwann: »Du sagst mir, wenn du möchtest, dass ich gehen soll?«

Uuupssiiii! Zwei Stunden plus waren rum und katsching weitere 500 Euro fällig. Das ist dann auch nicht so, dass er sagt: »Das war nett mit dir, lass mal stecken – oder: »Schön, dass ich dich kennengelernt habe« – oder Kulanz oder Einstiegsrabatt, Promo Code oder VIP-Vorteil – nix. Claudi musste nackt zur Handtasche und fischte noch mal 500 raus, die der Scherenschleifer in die Hosentasche knüddelte.

Also Tipp an alle Mädels, schickt ihn weg, wenn der Orgasmus durch ist. Ich bin echt großzügig, wenn es ums Vergnügen geht, aber 500 Euro dafür, dass Kai rumliegt? Er aber sagt, es geht nicht nur um die Zeit, in der er stempelt, sondern er sei auch Gesellschafter. Jedenfalls war jetzt alles klar. 250 die Stunde, 2500 über Nacht als Pauschale, 5000 fürs Wochenende – alles plus An- und Abfahrt.

Als die Tür ins Schloss schnappte und so meine erste Nummer mit einem Callboy endete, dachte ich: Er war sein Geld wert. Denn ehrlich gesagt, hatte ich in den letzten Jahren auch nicht mehr die erste Garnitur im Bett. Was hab ich mich schon durch Schlepphoden mit grauen Stachelbeerhaaren am Sack gewühlt. Schön ist anders. Schön ist Kai. Und so kam ich mit ihm ganz gut durch die Corona-Krise – sexuell. Es war ein bisschen so, wie wenn du Bock auf ein Brathähnchen hast. Da rufste ja auch den Lieferservice an.

»Meld dich, wenn dein Fleisch brennt«, schrieb er schon zwei Tage später, »mein Feuerlöscher steht dir zur Verfügung.«

Kai dachte, ich bin gut für 10 000 Euro im Monat. Oder mehr. »Wenn du nach Ibiza fliegst, nimm mich doch mit, ich mache dir einen Sonderpreis, 10 000 Euro für die ganze Woche, plus Flug, Logis, Essen.« Und Trinken natürlich. Er schlug es vor, weil er einige Kundinnen hat, die so bei ihm buchen.

Nach einem weiteren Knatter-Treffen schrieb er: »Guten Morgen, ich hoffe, mein Besuch hat dir gefallen. Ich würde mich freuen, wenn wir uns bald wiedersehen und du mich weiterempfiehlst.«

Zu Weihnachten fragte Kai mich, ob ich meinen Freundinnen Gutscheine für einen Fick mit ihm schenken will. Grundsätzlich ne schöne Idee, allemal besser, als die x-te Duftkerze zu kredenzen, zumal die meisten meiner Freundinnen es auch unwitzig finden, mit dem eigenen Mann auf dem Sofa zu sitzen und Traumschiff zu gucken oder ne Netflix-Serie.

Ich weiß ja, dass die meisten der Frauen, die ich kenne, so ticken – alle hätten gern mehr Sex, mehr versaut, mehr verboten, mehr dirty, mehr mit anderen Männern. Nur, die wenigsten trauen sich. Deshalb gelte ich halt als übelst krass. Weil ich das tue, was ich will und was mir guttut und was andere sich nicht wagen. Aber Callboy-Gutscheine für meine Freundinnen zu Weihnachten? Soweit geht's dann doch nicht, auch wenn ich manchmal denke, man müsste ne Charity für die vielen schlecht gefickten Mädels initiieren. Aber Charity war nicht. Zur Erinnerung: Ich steckte wie alle mitten in der Pandemie und hatte bis dahin rund 25 000 Euro an Kai verplempert. Wenn man das Geld hat und es einen nicht juckt, dann ist es eine Empfehlung von mir.

Aber Geld wurde in Corona auch für mich ein Problem. Bei 18 000 Euro Monatsmiete allein für den Hamburger Laden, den ich nicht öffnen durfte, verging mir zeitweise sogar die Lust auf Sex. Vor lauter Stress und Sorgen. Als ich Kai zuletzt noch mal gebucht hatte, sah er aus wie ne helle Badezimmerkachel. Die Sonnenstudios hatten schließlich auch zu. Und so hatte Kai bisschen Federn gelassen in der Krise, paar Corona-Pfunde zu viel auf den Hüften – also er war ne Erfahrung, aber die Begeisterung steigerte sich nicht.

»Ich bekomme noch 60 Euro von dir«, sagte der Mann, der mich für den Wert eines Kleinwagens begattet hatte.

Tatsächlich hatte er mal in Köln 60 Euro für Pizza ausgelegt, als ich mein Portemonnaie irgendwo liegengelassen hatte. Nun also wollte er ein Jahr später (!) unbedingt die 60 Euro wiederhaben. Ich hab ihm das Geld in die Hand gedrückt. »Tschüsselchen mit Küsselchen aufs Rüsselchen. Ciao Cacao. Küsschen aufs Nüsschen«, hab ich gesagt, »Adieu, Matthieu.«

Glücklicherweise wurde mir ja nicht nur der Hang zum Sex, sondern auch das Händchen fürs Business in die Wiege gelegt. Und 60 Euro Schulden beim Callboy – nicht eure Claudi. In solchen Fällen pflege ich zu sagen, auch und gerade als Frau von Welt: »Mein Name ist Vorhaut, ich ziehe mich erst mal zurück.«

Kapitel 2
Es rappelt in der Kiste

Ich komme aus dem Dorf Kippenheim in der Ortenau, an den Vorbergen des Schwarzwaldes. Dicht an der Grenze zu Frooonkreisch, der Quelle des Schampäääääääign. Das Nest ist berühmt, weil da mal 19hundertdrölfzig eine Windhose durchgefegt ist – ansonsten war da weder in der Hose noch sonst wo was los. Außer einmal im Jahr, wenn das Kippenheimer Weinfest stattfindet. Da war ich mal Weinkönigin, weil niemand so gut Flaschen entkorken konnte wie ich.

Das Dorf hat so viele Einwohner, wie ich Männer im Bett hatte – rund 5000. Ich untertreibe, ich will ja nicht angeben. Wer jetzt schon schreit: »Waaaaas – 5000 Männer, wie ordinär!« – für den ist das Buch nix, es wird garantiert nicht besser. Klapp es zu, verschenk es oder verkauf es auf Ebay.

Dabei fing alles mal so harmlos an, am 24. September 1961 auf der Station für Geburtshilfe im Kreiskrankenhaus. Claudia Elisabeth, 3,8 Kilogramm, 50 Zentimeter und tierisch behaart, kommt auf die Welt, lächelt der Legende nach, den Chefarzt an, zwinkert ihm kurz zu und schnullert dann im Arm ihrer Mutter Rita. Die glücklichen Eltern waren Buchhalterin und Beamter, Häuslebauer, sparsam, genügsam, ordentlich, pflichtbewusst, häuslich und konnten, wie ihr ja schlagartig merkt, unmöglich meine Erzeuger sein. Kunden bei der Bausparkasse, Knick im Kissen. Geschenkpapier wurde gebügelt und wiederverwendet – so in der Art. Der Wein wurde zu Hause getrunken, nicht in der Wirtschaft. Unser Haustier war das Sparschwein. Die Ansage war immer, egal um was es ging: »Geld ist kein Thema, denn wir haben keins.« Wie habe ich es als Kind gehasst.

(Die Verwandtschaft liest jetzt grad in ihren Frei-Exemplaren. 50 kostenlose Ausgaben meines Buches hat der Verlag mir vertraglich zugesichert. Bei der knauserigen DNA wahrlich ein Geschenk.)

Wann immer ich später im Leben gefragt wurde: »Nach wem kommen Sie eigentlich, Fräulein Obert? Nach dem Vater oder der Mutter?«, dem antwortete ich: »Ich komme nach Onassis.« Onassis war DIE Symbolfigur für Reichtum meiner Kindheit. Griechischer Reeder mit gigantischem Lebensstil an der Seite von Überfrauen wie Opernlegende Maria Callas oder Ex-Präsidenten-Gattin Jackie Kennedy. Natürlich alle längst tot – heute würde ich sagen, ich komm nach den Kardashians.

Wurde ich als Kind vertauscht? Es ist sehr wahrscheinlich. Um des lieben Friedens willen akzeptierte ich also meine Eltern, hast ja als Kind nicht viele Möglichkeiten. Meine früheste Kindheitserinnerung: Oma Rosa brannte Schnaps, ich war dabei – ich hab den Geruch noch in der Nase – und wann immer ich mir irgendwie wehgetan hatte »Oma, Oma, Claudi Aua Aua«, rieb sie mir die betroffenen Stellen mit dem selbst gebrannten Obstler ein. Daher wohl auch der Trinkspruch »Auf die Gesundheit«.

Meine Eltern waren aus der Abteilung »bis dass der Tod euch scheidet«, aber mit dem Schnackseln hatten sie es auch, denn sie zeugten noch drei weitere Söhne, meine Brüder. Die wurden natürlich alle nach mir eingeschult und wurden dann in der Schule gefragt »Aaach, dann bist du der Bruder von der Claudia?« – aber alle drei haben mich verleugnet. Haben was erzählt von: »Ne, ne, ich bin Einzelkind.«

Warum das so war? Meine Eigenschaften, die einige von euch heute an mir lieben – und andere nicht –, all das steckte wirklich schon damals in mir. Ich war der geborene Skandal. Die Familie war dauerkonsterniert, man empfand mich in dem beschaulichen Dorf als zu laut. Aber mir war klar, nur wenn man laut ist, fällt man auch auf. Hab ich ja sofort gemerkt, denn ich hatte früh ne Menge Aufmerksamkeit, weil ich für reichlich Klöpse sorgte.

Schon mit drei Jahren wurde ich an Pfingsten 1964 verzweifelt gesucht. »Wo ist das Kind?« Man wollte schon die Polizei einschalten, bis man mich in der örtlichen Kneipe, dem Hotspot von Kippenheim »Zum Ochsen« fand. Der Wirt Richard ließ mich die Gäste bedienen und ich verdiente mir da schon Trinkgeld. Und klar war mir der Wert des Geldes bewusst, dafür gab's Leckerli im Supermarkt. Ich war wirklich schon früh hinterm Zaster her.

Die nächste Eskapade dann mit fünf. Ich nenn es mal »Business in the Chapel«. Ich kriegte spitz, dass das Jesuskind in St. Mauritius eine Box zwischen den Beinen hatte, in die gütige Spender – klimper, klimper – Geld einwarfen. Und da war er – mit fünf Jahren schon – der Griff in den Schritt. Mit einem Häkchen öffnete sich die Box und Klein-Claudi packte sich Münzen und Scheine in ihre Patschehändchen. Unregelmäßig regelmäßig bediente ich mich mit kindlicher Unschuld an den Mäusen und plante wohl damals schon die Abreise nach Hollywood oder so. Jedenfalls, das Geld sammelte sich in einer kleinen Monchichi-Deko-Dose in meinem Zimmer. Acht Quadratmeter Mädchenglück Ende der 60er-Jahre.

Was mir damals so ärmlich erschien, war heute im Rückblick betrachtet eigentlich eine reiche Kindheit. Denn in meinem kleinen Kleiderschrank hing damals bereits Maßkleidung. Mein Opa, der kurz nach meiner Geburt starb, war Maßschneider und meine Mutter hatte von ihm das Nähen gelernt. Ich hatte schon ganz früh kleine Köstümchen, Etui-Kleider, Lackschuhe mit Lackhandtasche und Sonnenbrille. Ich sah zum Fressen aus. Sterntaler-Kostüm und Rotkäppchen zum Karneval – alles selbst gemacht und 1A.

Mein Zimmer unterm Dach hat mir mein Vater gebastelt. Holzarbeiten, Anstreichen, Teppichverlegen, das hat er alles selbst gemacht. Ein schmales Kinderbett, Stofftiere, Bücher, Spielzeug, aber übersichtlich. Geschenke gab es damals zum Geburtstag und zu Weihnachten – und nicht wie heute jede Woche –, wo Helikopter-Eltern ihren Kindern jeden Tag Disneyland bescheren. Überhaupt – nix Logo, nix Luxus. Und natürlich kein eigener Fernseher im Zimmer, nicht mal ein Radio – später ein sogenannter Cassetten-Recorder, bitte googelt jetzt. Klar, alles Jahrzehnte vor Smartphone, Instagram und sozialen Medien. Man kann es sich fast nicht mehr vorstellen. Generation samstags baden und dann noch bisschen Fernsehen gucken. Die Welt da draußen, die gab es nur in Kindersendungen wie »Sesamstraße« und »Sendung mit der Maus«. Und nur wegen Flipper wusste man, dass es sonnige Paradiese wie Florida gab.

Heute würde ich sagen, unser Garten war ein Paradies. Meine Eltern waren Selbstversorger. Bauten alles an von A wie Apfel bis Z wie Zwiebel. Stachelbeeren, Himbeeren, Erdbeeren, Kartoffeln, Salat, Rosen, Tulpen – einfach alles. Heutzutage gilt das als Luxus, aber mich hat es damals genervt, weil shoppen, einkaufen bei uns ja praktisch kaum stattfand. Kein Wunder, dass ich mich mit dem geklauten Geld aus der Box des Jesus-Kindes besonders fühlte. Mit fünf hatte ich kein Schuldbewusstsein – zu abstrakt war die Spendendose. Ich hatte es ja keinem anderen Kind oder in der Familie gemopst. Ich fühlte mich wahnsinnig erwachsen und frei, dass ich mir, ohne zu Hause fragen zu müssen, im Supermarkt Delikatessen leisten konnte. Das war für mich das frühe Gefühl von »reich« und sicher prägend.

Das Ganze flog jedoch relativ schnell auf. »Claudia, woher hast du das Geld?« – »Von Oma Rosa!«. Also Mama ruft Oma Rosa an. »Hast du dem Kind …?« – »Nein.« Die Verwandtschaft wurde einmal durchtelefoniert und ich dann im Wohnzimmer verhört. Mir blieb nix anderes übrig, als meine Beutezüge zu beichten. Der Schaden wurde hochgerechnet, abzüglich von Eis und Schokolade, mal zwei, drei im Sinn, Strafe obendrauf und Münzen wurden in Papiergeld gewechselt. Jedenfalls sollte ich einen 20-Mark-Schein als Wiedergutmachung nach dem Kindergarten, der zur Kirche gehörte, in die Box des Jesuskindes stecken.

Während ich also den Schein voll umständlich in den Schlitz würgen wollte, und so richtig reingehen sollte er ja gar nicht …, stand die Schwester Oberin neben mir. Warum ich denn und überhaupt, so eine große Spende und die liebe Claudi und hastenichtgesehen, ja wiekanndenndassein, jawiekommtdenndas?

So, und dann der Masterfehler: Ich war ehrlich, hab alles zugegeben, habe die Wahrheit erzählt. Und muss geglaubt haben, dass mit der Ehrlichkeit und der Quasi-Rückzahlung alles erledigt sei. Aber stattdessen, Kippenheim im Jahre des Herrn 1966, blühte mir im Scheiß-Kindergarten die Höchststrafe. Wochenlang musste ich im gleichen Zimmer mit den Kindern spielen, schlafen und essen, die noch in die Hose machten. Das war für mich eine Riesenerniedrigung. Denn ich wollte ein großes Mädchen sein und war weiter als die meisten. Mit fünf schon ausgebremst. So war das.

Ich hab mir daraufhin nicht etwa geschworen, nie wieder eine Spendenbox zu plündern, sondern dass ich so was nie wieder zugeben würde. Ich war dann erst mal nur noch legal unterwegs, hab mich mit fünf, sechs, sieben Jahren weiter aufs Kellnern und Aushelfen an allen Ecken eingestellt. Die Leute fanden mich niedlich, schon damals unfassbar quirlig und ich hab damals schon extrem viel gelabert. Kellnern im »Ochsen« und in der Praxis von Hausarzt Dr. Bernhard Stein helfen, Hunde ausführen – all so was. Ich war mit fünf sicher das reichste Kleinkind im Ort. Selbst verdient. Denn zu Hause war ja Sparflamme – das Elend konnte ich schon früh nicht ertragen. Also war ich bereits mit fünf Unternehmerin.

Von dem Geld kaufte ich Süßigkeiten, die ich dann teurer an meine Brüder verkaufte, wenn die Not am größten war, sonntags. Alle Läden zu. Also: Schokolade und Limo von Claudi mit 30 bis 50 Prozent Aufschlag. Ich habe schon als Kind gemerkt, dass ich von diesem Gewinn, mit diesem Extrageld auch die bessere Schokolade kaufen konnte, die besser schmeckte und schöner verpackt war. Das war eine Erfahrung, die mir in Fleisch und Blut überging.

Mit Dr. Bernhard Stein hab ich auch Hausbesuche gemacht, danach immer Einkehr im »Ochsen«, er auf ein Bier, ich auf ne Bluna. Saß ich da mit den Großen. In der kleinen Welt von Kippenheim.

Zwischenzeitlich wurde meine Mutter mal in den Kindergarten beordert – später in die Schule: »Claudia drängt sich krankhaft in den Mittelpunkt«, beklagten sich die Pädagogen. Schließlich empfahl man meiner Mutter, sie solle doch mal einen Kinderpsychologen mit mir aufsuchen: »Ihre Tochter wird niemals ein normales Leben leben«, sagte der Experte. Ich glaub, die Diagnose schwankte zwischen hochbegabt und ADHS, zwischen Genie und Wahnsinn. So oder so – das war ja wie ein Freibrief für mich –, wieso sollte ich nach der Visite noch jemals wieder »normal« in meinem Leben sein? Der schlaue Onkel Doktor musste doch recht behalten. Der musste es doch am besten wissen?

Ne, mal ganz im Ernst, was macht das mit einem Kind, wenn man dir sagt: »Du, du bist nicht normal und du wirst nie normal sein.« Ich denke im Rückblick, dass ich es wohl gehört habe, aufgenommen habe – und dass es sich auch irgendwie in meinem Verhalten niedergeschlagen hat. Wer weiß, wie ich mich entwickelt hätte, wäre man mit mir behutsamer umgegangen. Und wenn man dann noch weiß, dass meine Oma mich jahrelang mit Schnaps eingerieben hat … Hallooooo? Noch Fragen?

Grundschule und dann Gymnasium, das war jahrelang Dienst nach Vorschrift für mich, mit all den kleinen Freiheiten, die ich ausbaute, je älter ich wurde. Ich war sogar jahrelang Klassenbeste. Nur als ich Klassensprecherin werden wollte, war ich die Einzige, die mich wählte. Ich war halt schon ein Exot, das haben die anderen gemerkt. Ja, vielleicht auch eine Außenseiterin. Ich hatte keine beste Freundin, keine Clique. Ich hab früh mein Ding gemacht und ich gefiel mir immer besser als Exot. Aus der Reihe zu tanzen war mein Hobby. Bloß nicht so sein wie alle – und immer das Ziel vor Augen: Irgendwann muss ich hier raus.

Mit 13 bin ich dann in den örtlichen Tennisclub in Emmendingen. Das war die nächstgrößere Stadt, in die wir inzwischen umgezogen waren. Ein Hot Spot war das damals mit rund 20 000 Einwohnern auch nicht. Aber *nomen est omen*, eine Gemeinde heißt dort Sexau, gibt auch Vordersexau und Obersexau. Das war 1974 und der Tennisclub so ungefähr der Gipfel von Society in Emmendingen. Noch weit vor Boris Becker, der war zu dem Zeitpunkt sieben Jahre alt und Steffi Graf, die war damals fünf Jahre alt. Die Omas hatten zusammengelegt, in der Hoffnung, »dass das dem Mädchen guttut«. Und tatsächlich kann ich heute im Rückblick sagen, diese Basis aus guter Schule, Sprachen, Sport – das zahlt sich später aus.

Die Provinz und die Erziehung meiner Familie, in der man alles selbst machte, das war ne Basis für all die späteren Abenteuer zwischen Honolulu und Athen. Die Erfahrungen aus der Kindheit haben mich manches Mal aus der größten Scheiße gerettet, einfach weil ich mir zu helfen wusste. Darum sage ich: »Danke Heimat« –

und was sagt die Heimat? Aktueller Stand in der Ortenau: Weder gibt es bisher eine Claudia-Obert-Straße noch einen Claudia-Obert-Platz – nicht mal ne Claudi-Statue vor dem Rathaus. Was ist – wollen wir ne Petition starten? Ich meine, ich bin die berühmteste Tochter der Stadt! Ich werde die Tage mal auf Wikipedia unter »Berühmte Söhne und Töchter« einen entsprechenden Eintrag machen. Ordnung muss sein.

Die sind in Dingensbumens total entsetzt, wenn ich in irgendeiner Realityshow mal wieder die Beine spreize und schreie: »Nimm mich.« Meine Mutter ließ immer alle Rollläden runter, schaltete das Telefon und die Klingel ab, wenn ich im Fernsehen zu sehen war. Dass ich als Geschäftsfrau Millionen gemacht habe – das findet die Familie toll –, aber die TV-Karriere als sexsüchtige Skandalnudel, da gibt man sich pikiert.

Das Problem ist aber auch: Man hat keine eigene Meinung, lässt sich total von anderen beeinflussen. Schreibt jemand »Obert hat nicht alle Latten am Zaun«, dann gehen sie zu Hause auf Tauchstation, wenn ich anrufe. Schreibt aber der Spiegel über »Obert, die Geschäftsfrau« backen sie daheim Kuchen für mich. Mal bin ich das schwarze Schaf, dann wieder der weiße Elefant. Deshalb hab ich früh ein ziemliches Selbstbewusstsein entwickelt. Mir war wurscht ob Dorf, Kleinstadt oder der Kreis Emmendingen an mich glaubt – Hauptsache ich glaube an mich.

Als ich mal enterbt werden sollte, habe ich zu meinem Vater gesagt: »Was du im Monat verdienst, das brauche ich allein für den Friseur.« Das funktioniert bei mir so nicht, dieses: »Wenn du das und das machst, dann bekommst du dies und jenes.« Brauch ich nicht. Mein Motto war schon früh: Lieber ess ich mein eigenes Brot, als fremden Braten. Also hab ich den Rücken gerade gemacht und bin mir immer treu geblieben. Und das, obwohl unser Grundstück heute auch 1,2 Millionen Euro wert ist.

Es lässt sich nicht leugnen, ich bin eine Schwarzwald-Kirsche, eine Provinz-Nudel. Eine, die es von unten nach ganz oben geschafft hat – eine, die raus wollte und die mit eigener Kraft auch rauskam. Darauf erst mal einen Schampääääääign. Unterm Strich habe ich mehr Likes als Hater. Und Gruß in die Heimat, denn ganz ehrlich, jeder hat ein Recht auf eine eigene Meinung und ein eigenes Arschloch zum Furzen. Und dann bleibt da ja noch die Weissagung von Oma Rosa, die mich seit meiner Kindheit durchs Leben trägt: »Claudia, du wirst erst im hohen Alter an einer Bar deinen Traummann treffen.« Dank Oma Rosa hab ich also guten Grund, mich noch ein paar Jährchen von Tresen zu Tresen zu schlabbern.

Kapitel 3
Dr. Sommer hat gesagt

»Hallo, Dr. Sommer, ich habe kürzlich zum ersten Mal mit meinem Freund geschlafen. Ich war für ein Kondom, aber mein Freund meinte, wenn wir es von hinten machen, könne nichts passieren. Stimmt das?«, fragte Sina, 14, aus Berlin.

Gute Frage, dachte ich. Ich war Claudia, 15, und verdammt noch mal immer noch aus Emmendingen. Ich saß auf meinem Bett, kaute Cola-Fläschchen und hatte meine Haare grad mit Apfel-Shampoo gewaschen. Meine Jahrgänge erinnern sich. Apfel-Shampoo war der Kylie-Jenner-Lipgloss der 70er. Ich saß immer noch in meinem Kinderzimmer, aber meine Stofftiere hatten eine Ecke für einen kleinen Schminktisch freigemacht. Von den Postern an der Wand smilten mich die Popstars David Cassidy, sein Bruder Shaun und die Bay City Rollers an. Feuchte Teenie-Träume in vieeeel zu engen Hosen. Wer hat die denen damals bloß verkauft? Alle hatten ne Flasche in der Hose.

»Hallo, Dr. Sommer, mein Freund hat mich geküsst, dabei legte er seine Hand auf meine Schenkel und fasste mir schließlich zwischen die Beine. Also griff ich auch ihm zwischen die Beine und spürte dort einen flaschenähnlichen Gegenstand. Kann es sein, dass mein Freund heimlich trinkt?«, Maria, 13, aus Elmshorn.

Klar kann das sein, Maria, dass dein Freund heimlich trinkt, dachte ich, ohne die Antwort von Dr. Sommer abzuwarten. »Aber wahrscheinlicher ist es, dass er einen Steifen hat«, deine Claudi.

Die *Bravo* war meine Bibel – und dementsprechend wusste ich alles. Theoretisch. Praktisch war bisher außer einem Zungenkuss auf einer Party im kirchlichen Jugendzentrum nix gelaufen. Zu »Fernando« von ABBA, mit Thomas. Aber bevor aus dem ersten Kuss mehr werden konnte, machte der Kaplan das Licht an. Einmal im Monat war das die einzige Möglichkeit, in schummrigem Licht zwischen Tischtennisplatte und ein paar Kästen Limo am anderen Geschlecht rumzufummeln. Um 16 Uhr ging's los, um 19 Uhr sind wir nach Hause gedackelt. Das war damals Party.

»Hallo, Dr. Sommer, ich verwende ein Kondom mehrmals, wasche es aus und trockne es auf der Heizung. Wie oft kann ich das machen?«, Jan, 15, aus Dödelhausen.

Wir waren damals echt bisschen hinterm Mond. Seit zwei Jahren hatte ich meine Tage und irgendwie war mir klar, dass nach der Kommunion der nächste hohe Feiertag in der Entwicklung von Claudia Elisabeth »das erste Mal« sein müsste. Klar war ich aufgeklärt. Meine Mutter war ja einmal mit meinem zwei Jahre jüngeren Bruder schwanger, dann mit meinem zehn Jahre jüngeren Bruder – und jetzt schlummerte der Nachzügler im Schlafzimmer meiner Eltern in seinem Bettchen. Aber noch nie hatte ich mit meiner Mutter über Sex gesprochen – bis heute nicht.

Sex blieb, solange man es nicht selbst gemacht hatte, ein großes Geheimnis. Es hat auch nie jemand mal gesagt, dass Geschlechtsverkehr unheimlich viel Spaß macht. Die Info kam weder in der Schule noch von zu Hause. Das sollte man wohl schön selbst rausfinden. Und klar, Claudi war Team »Jugend forscht«. Laut einer *Bravo*-Statistik hatten die Mädchen damals im Schnitt mit 16 den ersten Sex. Als Streberin wollte ich die Girls in der Statistik übertrumpfen. Es war Juli 1976 und bis zum Geburtstag im September noch gut zwei Monate Zeit, bevor die *sweet sixteen* anstand.

Es war ein Jahrhundertsommer, wochenlang kein Regen, immer über 30 Grad. Ganz Deutschland stöhnte und ich übte in meinem Kinderzimmer auch schon mal sexy Geräusche und beobachtete mich dabei in einem kleinen Barbie-Handspiegel. Aus den Foto-Love-Storys wusste ich, dass Jungs auch Arschlöcher sein können und entschied: Was soll ich mich lange mit Gefühlen aufhalten, scheiß auf die erste Liebe – ich will lieber ohne Gedöns einfach nur flachgelegt werden. Mein Plan: Ich fahre mit meiner roten Vespa am Wochenende in die Disco »Little Monkey«. Das war ja unser *place to be* und damals eine der angesagtesten Diskotheken in Baden. »Aber um zehn bist du zu Hause«, war die Ansage meiner Erziehungsberechtigten. Und damit meinte meine Mutter nicht zehn Uhr morgens. Um die Zeit haben die die Diskokugel und die Nebelmaschine erst angeschmissen, da war für mich dann Saturday Night Life schon zu Ende. Der Zeitrahmen war definitiv zu eng, um zwischen 20 und 21.30 Uhr den ersten Sexpartner meines Lebens zu finden, ihn zu verführen, die Entjungferung durchzuziehen und dann wieder pünktlich zu Hause zu sein. Selbst für eine Granate wie mich. Mir war klar, das schaff ich nicht. Ich gehe aufs Ganze und kalkuliere einfach von Anfang an einen Megaärger mit ein. Also dann, die Eckdaten stimmten, heiße Sommernacht, süßes Kleidchen, rauf auf die Vespa und ab ging die Luzie. »Tschüüüüüüsssss.«

Im »Little Monkey« standen sie schon alle rum, Mitschüler, Leute aus den anderen Dörfern – auch Petra und Susanne, meine Freundinnen. Aber ich hatte nie so das große Ding mit *Best Friend Forever*, BFF, Herzchen, Regenbogen, Freundschaftsarmband und abwaschbarem Tattoo. Deshalb waren die beiden auch nicht in meinen Plan eingeweiht. Und die doofe Elke mit der Dauerwelle erst recht nicht. »Heeeiiiiiiii, wie geht's?« – »Guuuut und selbst?«

Hab mich zu den drei Jungfrauen gehockt und Harpo sang »Horoscope«. Ich bestellte mir erst mal einen Gin Fizz. Kellner Ulli kellnerte. Tiefgründiger als »Gin Fizz« und »Macht fünf Mark« gingen unsere Konversationen bis dato nicht. Ich nuckelte am Drink, Ulli kellnerte wieder los und ich sah mich nach Material um. Aber bei keinem der Typen im »Little Monkey« stand »Suche Jungfrau« auf der Stirn.

Ich bestellte ne Apfelschorle. Frank Farian sang »Rocky«.

»Ulli, einmal Asbach Cola«, dann eine Weinschorle und sie spielten die Hits dieses Sommers. »Let your Love flow«, »Girls Girls Girls« und »A Glass of Champagne«. Aber Champagner gab's im »Little Monkey« gar nicht und ich war noch einen Sommer von der französischen Limonade weg. Ich hab an meinen Drinks eh nur genuckelt, um nicht nur doof rumzustehen, man wollte ja cool sein – hab ein bisschen mit den anderen getanzt, mit den Jungfrauen gequatscht, bis auf einmal diese Schwingungen auftauchten, die ich bis dahin gar nicht kannte. Ich glaub, die Natur hat das so angelegt. Denn ich meine, ich wollte ja. Ich funkte ja seit 19.30 Uhr »Eine Durchsage an die anwesenden Gäste: Ich möchte bitte heute endlich entjungfert werden, wer hat Lust?« Wahrscheinlich hat da irgendeine Drüse bei mir einen Botenstoff abgeschossen – und der Typ der am häufigsten an dem Abend um meine Drüsen rumscharwenzelte war nun mal Kellner Ulli. Der muss – Achtung *slow motion* – mit seinem Stempel oder einem ähnlichen Teil, ich schlag das später noch mal nach, den Botenstoff empfangen haben. Chemische Kommunikation is das. Wissenschaftlich bewiesen.

Und dann halt so: Lächel, Arm berühr, zufällig streif am Rücken vorbei, Augenkontakt »Du Ulli, was trink ich jetzt?«. Und dann gaaaaannnz dicht an meinem Ohr, weil plötzlich war es ja soooo laut »Noch einen Gin Fizz, du Süße?«. Ein Mechanismus so alt wie die Menschheit. Ulli und ich, wir waren auf Sendung. Um 22 Uhr, ich hätte exakt jetzt zu Hause in meinem Kinderbett schlummern müssen: »Duuuuu Ulliiii, wann hast du Feierabend?« – »Um drei.« – »Alles klar.« Ich fand's perfekt, das war ja praktisch gleich – er war so was wie Mitte 20, also schon eher ein Mann. Ulli sah zwar nicht mega aus, aber echt nett, irgendwie passte er in meinen Plan.

Ich hab allerdings nie wieder fünf Stunden auf einen Typ gewartet – hab mich dann im »Little Monkey« und vor der Tür mit den anderen rumgedrückt, bis Ulli mich zu seinem Auto dirigierte und ich dann mit der Vespa hinter ihm herfuhr. Wir sprachen kein Wort darüber, was wir jetzt eigentlich vorhatten – jedenfalls statt einer Entjungferung stand erst mal Gassi gehen auf dem Plan. Boxer Edo hatte auf sein Herrchen gewartet und so ging ich mit den beiden zunächst um den Block.

Ulli lebte in einer sehr kleinen Souterrain-Wohnung, knipste eine Lichterkette an. »Willst du was trinken?« – »Ich … äh nö.« War dann auch mal gut für heute. Eine Kerze war in eine Weinflasche gedrückt, in der vorher schon von zig anderen das Wachs so über die Flasche gelaufen war, dass man vom Etikett nur noch »under« lesen konnte. Das Bett war so 1,40 m breit. Ich bin draufgehopst, weil ein Sofa oder einen Sessel gab es eh nicht. Und gleich gegenüber stand Edos Körbchen. Dort nahm der Boxer Platz und sein Herrchen auf mir. Mein Kleid war ein Reißverschluss – ritsch und es lag auf dem Boden, ich kein BH aber eine Unterhose, die ich selbst auszog. Das war ein Schlüpfer im besten Sinne und war mal Teil eines Dreier-Packs. Von La-Perla-Höschen für 150 Mark wusste ich da noch nichts. Und Ulli war der Typ Mann, der sein T-Shirt nur einmal kurz über den Kopf flutschte, während gleichzeitig der Gürtel aufschnappte und die Hose runterplumpste. Auch er hatte eine Flasche in der Unterhose – aber ich wusste ja Bescheid.

Ich sag mal so, man hat ihn sich reinstecken lassen, bisschen hin und her bewegt, es war mechanisch. Und Edo fixierte mich dabei – »Edo Aus«. Guter Sex, das weiß ich heute, der findet im Kopf statt – das kannst du als 15-Jährige gar nicht abrufen. Natürlich hatte ich keinen Orgasmus und wenn ich ehrlich bin, wusste ich doch damals gar nicht, was das ist. Es war wirklich unspektakulär, aber es war nicht Ullis Schuld. Dann schon eher Edos. Denn der Boxer starrte mich die ganze Zeit an. Vorwurfsvoll. Das hat mich total abgelenkt. »Edo Pfui.« Aber hey, immerhin, ich war keine Jungfrau mehr und das war ja der Sinn der Veranstaltung. Ein bisschen Spaß gemacht hatte es auch, doch – es hatte sich gut angefühlt. Aber es gab kein Kuscheln danach. Nix Kuss, es war eher Zeit zu gehen. Es war von beiden Seiten eine unverbindliche Aktion. Ich hab nicht mit Lippenstift auf den Spiegel geschrieben: »Danke, lieber Ulli, fürs Entjungfern, deine Claudi!«

Klar gibt's jetzt Leute, die sagen, »Iiiiiiehhgitt, vom Kellner aus der Dorfdisko« – aber mal ganz ehrlich, ich kenne so viel schlechte Geschichten vom »ersten Mal« – wie ist es denn am tollsten, am besten? Die meisten meiner Freundinnen waren total enttäuscht, die Typen waren rücksichtslos oder haben die Woche drauf Schluss gemacht. Wer heiratet schon den Mann, der einen zur Frau gemacht hat? Ich kam jedenfalls morgens um sechs ziemlich durchgenudelt im Obertschen Eigenheim an und wurde nicht mal erwischt. Glück gehabt. Alle schliefen fest und hatten wohl darauf vertraut, dass ich in meinem Zimmer war. Ich war zufrieden – und Ulli begeistert.

Ulli kam jetzt öfter nach seiner Schicht um drei Uhr morgens fensterln bei Claudi. Bisschen rein raus und hin und her und rauf und runter, bis kurz vor sieben der Wecker meiner Eltern klingelte, da musste Ulli wieder abdampfen. Jedenfalls hatte ich einmal verpennt, als er gegen drei vor meinem Fenster stand. Die Rollläden waren runtergelassen. Seine Hose allerdings auch schon und er warf Steinchen an die Fenster – der Vollpfosten – erst Steinchen, dann Steine, dann Felsbrocken. Verzweifelt versuchte mich horny Ulli wachzubekommen. Stattdessen standen meine Eltern im Garten und brüllten was von »Hausfriedensbruch« und so. Null Ahnung natürlich, dass das die Sex-Nachhilfe war.

»Wer war das?« – »Keine Ahnung, der hat sich bestimmt im Haus vertan.« Ich hab dann mit Ulli ein ernstes Wort gesprochen und das war's dann auch mit ihm. Was aber blieb, war eine wertvolle Erkenntnis: Jungfrau, das machte die Typen erst richtig scharf. Und da ich erst 15 war, hab ich gut drei Jahre lang zur größten Begeisterung diverser Jungs die Jungfrau gespielt. »Ich war noch nie mit einem Jungen im Bett«, säuselte Claudi, wann immer sie einen Neuen an der Angel hatte. »Ich bin sehr nervös, du bist mein erster Mann.« Wenn man das so anmoderiert und sie denken, sie sind der Erste – da hab ich mich immer diebisch gefreut, wenn ich das vorgespielt hab. Sollen sie doch denken, dass sie der Erste sind, sollen sie den Kick haben. Und mir selbst hat es auch einen Kick verpasst – einfach, weil man merkte, dass man so noch begehrenswerter war. Das mit der Jungfrau, das hab ich gut zwei Dutzend Typen erzählt. Also mit Ulli war ich durch, mit dem Jungfernhäutchen auch und mit der *Bravo* sowieso – ich hatte dann auch keine Fragen mehr an Dr. Sommer.

Ulli hat mich übrigens nie gefragt, wie alt ich bin. Ulli? Uuuuuullііііііi, du hast mich garantiert nie vergessen und dir mein Buch wahrscheinlich längst zugelegt und die Seiten nach U wie Ulli durchgefilzt. Alles verjährt. Ja, Mensch, du bist jetzt 70. Du warst mein erster Mann und du könntest mit gutem Timing auch mein letzter werden. Meld dich, ich hab noch Gummi auf'm Profil.

Kapitel 4
Tränen lügen nicht

Nach Disko-Ulli kam ein Typ, der mir mein Herz gebrochen hat. Die Zeit heilt überhaupt nicht, nullkommanullgarnich alle Wunden. Da, wo die ganz, ganz große Liebe mal emotional an mir rumgeprökelt hat, da ist heute noch ein dicker Schorf. Und wie das so ist mit so einem Schorf-Flatschen, den knibbelt man besser nicht ab, sonst blutet es.

Ich war mittlerweile 16, fast 17, als ich die Bar »Fratelli« in Freiburg entdeckte. Dr. Bernhard Stein, unser Nachbar, bei dem ich von klein auf immer mal in der Praxis aushalf, erwähnte den Laden. 16 Vespa-Kilometer von zu Hause weg. Mitten in der Provinz gehörte die Bar zu einem Fünf-Sterne-Superior-Hotel. Eine Piano Bar, das war Ende der 70er der Gastro-Trend in Germany. Eingerichtet im Club-Stil, viel Leder, Holz und mit Humidor ausgestattet. So roch es da auch. Und nach Testosteron. Vermögende Männer aus Freiburg und Umgebung liefen hier für einen Drink auf. Mit Geschäftspartnern, mit ihren Ehefrauen – aber auch mit ihren Geliebten.

Mich faszinierte der Laden auf Anhieb. »Ich nehme einen Champagner bitte.« Ich sah aus wie 21plus und hab bisschen auf Madame gemacht. Zum Geburtstag hatte ich mir ein kleines rosa Kostümchen mit Goldknöpfen gewünscht und auch bekommen – eine Chanel-Kopie mit Minirock. Der allerdings rutschte bisschen nah an die Oberkante Unterlippe, wenn ich mich auf den Barhocker schwang, aber ich wollte ja längst auch sexy sein. Das war kein Zufall. Das war kalkuliert. Ich kam ziemlich regelmäßig und kannte hier ein paar Leute. Wir standen grad in einer kleinen Gruppe zusammen, als ich ihn sah – und er mich. Flash, rasender Puls und ein helles Fiepen im Ohr. Ja – keine Ahnung, wie vom Blitz getroffen. Fühlte sich schlimm und gut an. Mitten in der Unterhaltung mit den anderen war deren Gerede plötzlich nur noch ein dumpfer Sprechteppich, während ich gefühlt acht, neun, zehn Sekunden lang an diesem irre gutaussehenden Typen kleben blieb.

Es gibt Männer mit diesem Kennedy-Gen, wisst ihr, was ich meine? Dieser John-F.-Kennedy-jr.-Look, viel dichtes Haar, 64 knallweiße Zähne, kräftige Muskulatur, Gesicht kantig, groß. Es ist einfach sofort klar: sportlich, gebildet, potent, aus gutem Stall, halt oberstes Regal. Ein Hengst aus bester Zucht. »Clauddiiiiiii, Claudiiiiiii, hallo, huhu bist du noch anwesend?« Fünf Freunde redeten auf mich ein wie der Sanitäter auf das Opfer, das ohnmächtig am Boden liegt. »Ja klar – bin am Start, mir war nur grad so komisch.« Nix komisch, Diagnose: Liebe auf den ersten Blick. Meine Freunde wollten eh weiter und während ich inzwischen verlegen an einem Drink mit Strohhalm nuckelte, sprach er mich an.

Ein Gefühl, wie wenn man sich bei uns auf dem Land mit dem ganzen Körper auf einer Wiese gegen einen elektrischen Zaun lehnt. Sein Nachname: wie ein Küchenkraut, also Basilikum, Estragon, Kerbel, Majoran, Oregano, Petersilie, Rosmarin, Salbei, Schnittlauch, Thymian. Das könnt ihr euch jetzt aussuchen. Sein Vorname so ungewöhnlich, dass ich ihn verschweigen muss. Die Rechtsabteilung des Verlages meint, es sei besser, wenn wir da schwammig bleiben. Er lebt noch, ist verheiratet, hat Kinder und ist ziemlich erfolgreich – als Arzt. Damals studierte er Medizin in Freiburg und war vier Jahre älter als ich. Gut, vier Jahre älter als ich ist er heute natürlich immer noch. Er kam aus richtig reicher Kiste und hatte vor der Tür einen BMW 323 i geparkt. Rolex am Arm und natürlich war er ein super Tennisspieler und Skifahrer. Typ Kragen-vom-Polohemd-hochklapp und Kaschmirpullover-um-den-Hals-leg, Knotendrumm-ach. Sein Elternhaus war schon in den 70ern mit Kunst an den Wänden, Möbelklassikern und Papa sammelt Autos. Mama gewinnt Preise mit der Rosenzucht. Ich nenn ihn jetzt mal Schatzi, denn so hab ich ihn damals auch genannt.

Der Abend in der Bar »Fratelli« endete mit einem verdammt anständigen Kuss – wir verabredeten uns und ich weiß heute gar nicht mehr, wie es damals funktioniert hat, dass man sich danach ja nur über Festnetz erreichen konnte – und nur wenn man eben auch zu Hause war. Das wirkt heute so, als würde man für jede Nachricht eine Brieftaube verschicken. Aber wir kriegten uns – und verliebt sein war wunderbar. Es war die Mischung aus Kino und Kochen, dazwischen schnackseln, spazieren gehen und Sport machen, ne Runde im Weinberg vögeln und danach einen bechern gehen. Das ganze gespickt mit Claudis Märchenstunden, in denen ich meinen Eltern als die unbekannte Schwester der Gebrüder Grimm einiges auftischte, um regelmäßig mit Schatzi durchbrennen zu können.

Ich erzählte zum Beispiel, dass ich mit einer Jugendgruppe der Kirche am Wochenende einen Ausflug in ein Kloster machen würde. Als meine Mutter dazu eine Frage hatte, von wegen: »Was soll Claudia einpacken und mitbringen?« und im Pfarrheim anrief, war schnell klar, Claudi hat was ganz anderes vor. Meine Eltern sperrten mich ein. Ich kletterte aus irgendeinem Fenster. Schon früh galt für mich: Wenn ich nicht über den Zaun rüberkomme, buddel ich mich halt unten durch.

So romantisch mein Leben mit Schatzi war, zu Hause war Krieg. Mich konnte damals keiner stoppen – mein Freiheitsdrang war riesig. Und meine Eltern verzweifelten. Ich war verknallt und der Sex mit Schatzi aufregend. Mit ihm habe ich meinen ersten Orgasmus erlebt. Ich sag ja immer, wer nur glaubt, er hatte einen, der hatte garantiert keinen. Mich hat es so tierisch durchgeschüttelt – also Elektrozaun zwischen den Beinen, dass mir danach die Tränen kamen. Freudentränen im Arm eines Mannes, den ich wirklich liebte. Das hatte nichts mit dem Disko-Ulli-Sex zu tun, mit dieser Mischung aus Abenteuerlust und böses Mädchen. Sondern es war ganz viel Knutschen vorher – und zusammen einschlafen danach.

Ja, wie isses denn nur möglich, fragen sich wahrscheinlich die, die mich nur als durchgeknallte liebestolle TV-Millionärin kennen. Aber Leute, *I tell you*, so war es – und es tut mir weh, wenn ich heute daran denke, so schön war es. Schatzi lebte in einem chaotischen Einzimmerapartment in Freiburg und ich hatte da auch eine Zahnbürste geparkt. Er hat mir dann monatelang alles versprochen, was du als Mädchen hören willst. Das ganze Programm vom Eigenheim, den zwei Kindern, Hund und Ferienhaus. Ich habe das geglaubt, ich habe vertraut, ich habe mich fallengelassen. Auch wenn ich schon früh in Sachen »Trautes Heim« so meine Zweifel hatte.

Ich erlebte es damals schon bei befreundeten Ehepaaren meiner Eltern, die kilometerweit nebeneinander schwiegen, wenn wir als Familien am Wochenende Ausflüge machten. Gefangen in einer Ehe und dann durchhalten, weil es keine Alternative gibt. Aber bei dieser ersten großen Liebe schob ich die Zweifel weg – stellte fest, es ist schöner, wenn das Herz eines Jungen sperrangelweit offensteht, statt immer nur der Hosenstall. Beim Kuscheln auf dem Sofa haben wir die Idee immer wieder durchgesprochen: »Du wirst erst mal 18, meine kleine Maus, danach ziehen wir zusammen, machen schöne Kinder und dann für immer und ewig.« Und aus Claudia Obert wird Arztgattin Claudia, Nachname-Küchenkraut. Es war Liebe über Sex. Was ich nicht wusste: Eine Zukunft mit ihm zwischen

Wohnsitzen in London und St. Moritz, wo seine Eltern Immobilien hatten, die hat er diversen Mädels versprochen. Schatzi war mehrgleisig unterwegs. Wie sollte ich das wissen, ihm auf die Schliche kommen – er in seiner Wohnung in Freiburg, ich bei meinen Eltern im Haus – und als Verbindung lediglich ein eierschalenfarbenes Telefon mit Wählscheibe, dessen Kordel vom vielen nervösen Dranrumfriemeln total verkoddelt war. Viel zu spät erfuhr ich: Er hat mit so vielen Frauen in Freiburg und Umgebung geschlafen, dass es ein Wunder war, dass er überhaupt noch eine fand, mit der er noch nicht im Bett war. Heute sage ich: Männer müssten gesetzlich verordnet Beipackzettel bei sich tragen. Damit jede Frau im Liebesrausch noch mal gewarnt wird »vor Risiken und Nebenwirkungen«. Bevor du dich darauf einlässt, dein Leben und deine Pläne über Bord zu werfen. Denn sie gehen alle fremd. Alle Männer betrügen ihre Frau. Früher oder später. Und jede, die jetzt schreit »Meiner aber niiieeech«, die weiß es nicht besser oder will es nicht besser wissen. Meist kann sie es sich nicht leisten, es besser zu wissen. Denn immer noch sind die meisten Frauen finanziell von ihrem Mann abhängig. Du kannst dich nicht auf einen Mann verlassen – vielleicht gibt es ganz, ganz wenige Ausnahmen, mag sein –, aber ich hab's ja selbst über die Jahre beobachtet: Jede, aber auch jede Frau zwischen 20 und 75 wurde irgendwann von ihrem Mann betrogen und/oder verlassen.

»Frau Obert, ich brauch was Buntes, was Fröhliches, vielleicht auch was 'n büsschen sexy ist. Mein Mann hat ne Freundin.« Und bei allen fing es mit einer weißen Hochzeit an. Und mit vielen Versprechen. Mit Glück gibt's zum Abschied die große Abfindung, fetter Unterhalt – aber oft stehen diese Frauen vor dem Nichts, ausgetauscht, ausgebootet, abserviert. Ich hab's x-mal erlebt. Die Frauen haben alle ne Schorfkruste auf dem Herz. Das heilt nie, wenn er sagt: »Ich hab ne andere.« Jahrelang hat sich alles ums Herrchen gedreht, sie hat ihm den Rücken freigehalten, sich um Heim und Kinder gekümmert – dann startet er noch mal mit was Knackigem durch, von wegen kein Bock auf Teebeutel und du stehst da ohne eigenen Job, ohne eigenes Einkommen oder eigenes Vermögen. Weil du geliebt und vertraut hast.

Was mich nervt, sind diese Versprechen, die eigentlich Lügen sind, auf die man reinfällt, weil es einfach ziemlich unwahrscheinlich ist, dass ein Mann dir bis an dein Lebensende treu ist, dich auf Händen trägt, immer für dich da ist. Mir ist die Variante lieber, wo man die Gefühle zu Hause lässt und einfach nur miteinander in die Kiste geht – so oft und so lange man will und so lange die Lunte brennt. Wenn nix mehr brennt, trennen sich die Wege – dann spart man sich aber auch die Verletzungen und Enttäuschungen. Zumal man sich so um seine eigene Karriere, sein eigenes Geld, seine Unabhängigkeit kümmern kann, weil sich nicht jahrelang alles nur um ihn dreht.

Ich habe Frauen erlebt, die jahrelang gelitten haben, die eigentlich nie wieder sie selbst waren, die alkohol- oder tablettensüchtig wurden – und manch ein einsamer Herztod war doch Selbstmord. Ich kannte eine Hamburger Society Lady, die nach der Trennung von ihrem Mann immer noch gern in das gemeinsame Haus auf Sylt fuhr. »Claudia, ich habe schon Angst, dass die Bremsen von meinem Range Rover mal versagen könnten.« Es ging um Hunderte Millionen bei der Trennung. Aber was wusste ich davon schon 1977? Ich war naiv und hatte überhaupt keine Ahnung, keinen Weitblick. Das war halt alles nur Heititei und Dudeldü und »ich hab dich für immer lieb«. Schnullibulli, Hasenöhrchen und Mäusezahn. Händchenhalten und Haushalt machen. Schatzi war krank und ich brachte ihm Medikamente und kochte Suppe, während ich die Schule schwänzte. Und ich hätte auch alles für ihn aufgegeben, wenn seine Pläne das verlangt hätten. Claudi in Love. Ich hab seine Klamotten gewaschen, ich hab eingekauft und Ordnung in seine Studentenbude gebracht. Er war sehr großzügig, zahlte alles und ich erinnere mich an Traumwochenenden in St. Moritz in der Wohnung seiner Eltern.

Dann ein Nachmittag auf der Rückfahrt, kurz vor Freiburg: »Ich fahre nächstes Wochenende wieder nach St. Moritz.« – »Oh, das wird echt schwierig«, meinte ich, »mir gehen grad die Ausreden für meine Eltern aus.« Schatzi antwortete: »Ich sagte, ICH fahre. Nicht du.« Er guckte mich nicht mal an, er war kalt und abweisend. Als ich ihn am Arm berührte, seine Hand nehmen wollte, schüttelte er mich ab. Ich bekam einen totalen Heulkrampf. Da war keine Liebe mehr, alles wie ausgeknipst. Alles weg. Er erklärte auch nichts, er redete nicht mit mir, er antwortete nicht auf meine Fragen. Ich heulte bis Freiburg durch. An einer roten Ampel fragte er scheinheilig: »Ist das dein Lieblingslied?« und drehte die Lautstärke auf. »… Und du wirst seeeeeehn, Tränen lügen nicht …« von Michael Holm. Er entpuppte sich als ein Arschloch, das eine Show abgezogen hatte. »Claudia, es ist Zeit zu gehen.« Kein nettes Wort, kein Abschied, keine Umarmung. Das war Tschüsselchen ohne Küsselchen. Meinen Koffer stellte er noch auf den Bürgersteig und dann sah ich den BMW nur noch von hinten und ein letztes Mal seinen St.-Moritz-Aufkleber, den ich eigentlich scheiße fand.

Ein Riesenarschloch. Er hat mich benutzt, so wie es für ihn am besten in sein Leben passte – neben all den anderen Frauen. Er hat mir was vorgemacht, mich belogen, solange wie er Lust darauf hatte, mit mir zu schlafen und mich für sich einzuspannen. Irgendwie kam ich nach Hause, irgendwie ging die Schule weiter, irgendwie wunderten sich meine Eltern, dass ich vorerst öfter zu Hause war.

Es tat wahnsinnig weh. Ich litt und mutierte so zu der Claudia, die ihr heute kennt. Ich hab diese Geschichte noch nie erzählt, aber als ich für dieses Buch über mein Leben nachdachte, da erkannte ich, wie wichtig diese Episode ist. Denn ich hatte ja früh erfahren, dass Vögeln ein herrliches Vergnügen sein kann – machte viel Spaß und wenig Probleme –, also ein äußerst angenehmer Umgang mit dem anderen Geschlecht. Man fühlte sich begehrt, bekam Bestätigung und die Hormone hatten auch was davon. Dagegen war die Sache mit der Liebe für mich extremst schmerzhaft. Und ich habe es bis heute nicht verdaut. Von wegen Schorfkruste auf meinem Herz. Ich war dann beim Schreiben dieses Kapitels doch neugierig und hab ziemlich schnell herausgefunden, wo mein Herzensbrecher heute lebt. Seit dem eierschalenfarbenen Telefon hat sich ja in Sachen Telekommunikation ne Menge getan und so findet man im Internet auch die Verflossenen. Und außerdem hab ich mein Netz an bundesweiten Kundinnen.

Was soll ich euch sagen? Er ist zum dritten Mal verheiratet. Warte – is noch nicht die Pointe. Und betrügt seit Jahren seine dritte Frau mit einer Arzthelferin aus der Praxis. Die ist jetzt schwanger. Und täglich grüßt das Murmeltier. Ja, wenn das mit mir und Schatzi damals was geworden wäre, ich hätte mittlerweile drei Nachfolgerinnen. Darauf einmal Prösterchen.

Versteht ihr, warum ich heute manchmal laut und aufdringlich meine Botschaften unters Volk bringe? Wenn ich mit einem Schampääääääign in der Hand Weisheiten wie »Männer sind wie Schuhe, nach dreimal Tragen sind sie ausgelatscht« rauskrakele? Oder »Ich will keinen weichgekuschelten Lutscher«. All den Frauen, die sich über die Jahre bei mir ausgeheult haben, habe ich gesagt: »Mach nicht so ein Gedöns um einen Mann. Nimm dir einen anderen. Hengste gibt es genug.«

Wer sich heute fragt, wer ist diese durchgeknallte, dauerrollige Alte, die im TV die Beine spreizt und »Nimm mich« schreit, wie tickt die – für den ist diese Geschichte mit Schatzi vielleicht die Erklärung. Denn ich entschied damals, als ich in Freiburg heulend aus seinem BMW stieg und allein am Hauptbahnhof stand: Nie wieder Liebe, nie wieder Gefühle! Er war ein Hurensohn, dann werde ich eine Hurentochter. Ich hab dann in der Folge sein halbes Semester vernascht. Hab's gemacht wie er. Und fühlte mich super. Leben wie die Männer, diese Idee entstand damals, nachdem dieses Arschloch Nachname-Küchenkraut mir mein Herz gebrochen hatte. Es war die Geburt der Obert, wie ihr sie heute kennt.

Kapitel 5
Taschengeld à la Obert

»Piepen – Pimmel – Prösterchen«, so hätte der Titel meines Buches auch lauten können. Dann kriegt ihr jetzt was mit Piepen. Über Arschloch-Schatzi half mir mein Geschäft hinweg – denn ich hatte mich nicht nur sehr früh fürs Bumsen und Bechern interessiert, sondern auch fürs Business.

Erstaunlich, mit welchem Riecher fürs Geschäft ich schon als Teenager unterwegs war. Ich war nämlich mit 16 schon selbstständige Buchhändlerin. Jahhaaaa. Investitionssumme: Null. Gewinn: Was mit vielen Nullen. Steuern: Null. Ich hatte eine astreine Eier legende Wollmilchsau erfunden. Kapital zwischen den Ohren. Alles fing mit Nachhilfeunterricht an, für die verwöhnten, faulen Schüler vom Privatgymnasium in Freiburg. Ich war auf dem Staatlichen und Einser-Kandidatin. Da dackelte ich dann in die Villen und Bungalows im Umland und redete in Sachen Mathe und Latein auf die reichen Söhnchen und Töchterchen ein wie auf zahnkranke Ponys. 15 Mark war den betuchten Eltern eine Stunde mit mir wert. Hauptsache ich würde die Brut bis zur Versetzung schleppen.

Jedenfalls gab's den Moment, als mir bewusst wurde: Die Privaten müssen für Schulbücher zahlen. Während wir am Staatlichen Lehrmittelfreiheit hatten. Was für ein Zufall, ich möchte es Wink des Schicksals nennen, nein, ein Zeichen wie die Botschaft in einem Glückskeks: »Wer meldet sich freiwillig und will sich um unsere Buchausgabe für alle Schüler kümmern?« so stand es am Schwarzen Brett. Claudi meldete sich. »Toooooll Claudia, dass du dich soooooo für die Gemeinschaft einbringst, das ist eeeeecht nett von dir. Das hier ist der Schlüssel und hier ist dein Reich – der Rest wie besprochen.« Mein Klassenlehrer schob mich in den Raum der Buchausgabe und sah ihn in den allerbesten Händen. Das Goethe Gymnasium war damals nagelneu, die Bibliothek im Keller. Da stand ich vor Tausenden Büchern und dachte: »Alles meins.« Das war ehrenamtlich angelegt – doch es wurde für mich zu einer Gelddruckmaschine.

Der Startschuss fürs Büchergeschäft fiel in einer alten Fabrikantenvilla. Olaf, 14, Schüler am Privatgymnasium, hatte so ziemlich in allen Fächern gewisse Schwächen. Halt einer, der sich früh auf Papis Erbe verlassen wollte. Stark war er in Biologie, so wie er mit seinen Augen auf meinen Brüsten rumpubertierte. Jedenfalls, der Bengel brauchte verschiedene neue Schulbücher. »Du, sag deinen Eltern, ich hab einen Kumpel in Offenburg, der hat ne Buchhandlung, da krieg ich zehn Prozent Rabatt.« Du kannst reiche Menschen mit nix anderem so sehr begeistern wie mit Kohle. Also vor allem, mit Ideen, wie sie noch mehr Kohle machen können. Denn wer hat, will noch mehr haben. Nehmen ist seliger, denn geben. Rabatt, Prozente, Nachlass, Bonus, umsonst, gratis, kost nix – sind die Lieblingsworte von Herrn und Frau Gutbetucht. Das hab ich damals erkannt und es gilt heute noch für mich.

Sobald du eine Aktion mit %%% machst, kaufen die Leute. Die hängen alle mehr am Geld als das Schwein am Leben. Olaf-14-Berufswunsch-Sohn notierte also fein säuberlich für Mami und den Chefarzt-Papi: »Claudi hat gesagt, sie kann die Schulbücher mit zehn Prozent Rabatt bei einem befreundeten Buchhändler besorgen.« Ja, hat die Claudi gesagt.

Zur nächsten Nachhilfestunde hatten die Erziehungsberechtigen dann auf dem antiken Kirschbaumtisch einen Umschlag hinterlegt, in dem abgezählt die Scheinchen für die Bücher lagen. Die Summe für die Bücher addiert, »Minus zehn Prozent« stand auf dem Umschlag. Die Lieferung erfolgte prompt. Natürlich gab es keinen Freund mit Buchhandlung in Offenburg – mein Lager, das war die Schulbibliothek. Dort packte ich das, was von den Privaten bestellt wurde in meinen Ranzen. Das war echt harte Arbeit – allein so ein Atlas, was wog der – drei Kilo? Brachte aber mit 40 Mark, minus zehn Prozent, auch richtig was ein. Claudi, das Bücher-Muli. Wenn ich heute krumm und vorgebeugt gehe – das ist immer noch vom Bücherschleppen. Ich hab da am Tag zehn Exemplare rausgeschmuggelt. Fürs Ackern war ich mir ja noch nie zu Schade.

Das war ein Sensationsgeschäft, so, wie wenn am Daddelautomaten ständig dreimal die Ananas oder dreimal die Kirsche mit viel Gebimmel und blinkenden Lichtern aufleuchtet – ständig ganz großes Rappeling im Portemonnaie. Müsst ihr so sehen: Ein Schüler hatte pro Schuljahr easy Bedarf an Büchern im Wert von 300 bis 400 Mark. Kannste dir ja ausrechnen, was dabei rumkommt, wenn du den Deal allein mit 50 Schülern machst. Ich rechne mal grad vor. Sagen wir 350 Mark mal 50 Schüler. 17 500 Mark, minus 10 % = 15 750. Wenn Reiche was sparen können, erzählen sie gern davon, weil sie ja schlauer waren als der Rest. Also erzählten die Erzeuger von Olaf von der sagenhaften Quelle, wo man auf Schulbücher einen Nachlass bekam. Sicher leicht nachvollziehbar, dass das Rechenbeispiel mit 50 Schülern eher am unteren Ende meines damaligen Geschäftsmodells angesiedelt war. Die Taler versteckte ich in meinem Zimmer in Kartons, wo ich zur Tarnung Fotos und Zeitschriften obendrauf legte.

Wenn im Buchgeschäft mal nicht so viel los war, half ich in einem Supermarkt aus. Hab damals schon auf Diversifikation und Expansion gesetzt. Das Motto schon damals: *Think big.* Meine Freunde kamen dann zum Shoppen, packten die Einkaufskarre voll, nach dem Motto gib dem Luder Puder, Alkohol, Chips, Snacks – alles rein und einmal den Wagen an der Kasse vorbei, an der ich meinen Dienst verrichtete. Mir haben sie dann 100 Mark in die Hand gedrückt und in der Kasse des Supermarktes landete: Exakt nichts. Ich hatte nicht das Gefühl, dass sie mich mal bei »Aktenzeichen XY… ungelöst« suchen würden – oder bei »Nepper, Schlepper, Bauernfänger«; damals eine super erfolgreiche Sendung im ZDF, die vor gewieften Kleinkriminellen warnte. »Wer kennt dieses Mädchen, brünett, 1,65 groß, ist meist mit einem Ranzen unterwegs und geht sehr schief.« Nein, ich sah mich nicht auf Fahndungslisten. Für mich war das alles noch Kategorie Klingelmäuschen spielen.

Was hab ich mir dabei gedacht? Nicht viel, das war natürlich auch Sport, nicht entdeckt zu werden und gleichzeitig den Zaster Knaster anzuhäufen, um damit irgendwann was Großes zu machen. Die Idee, ich will hier irgendwann weg, die trug ich ja in mir, und dass ich für eine Flucht, egal wohin, Geld brauchen würde, das war ja klar. Die Idee, der Antrieb war einfach nur: eigenes Geld. Ich hab damals mehr Piepen gemacht, als in manchem anderen Jahr später mit meinen Modeläden. Klar fehlten dann bei uns an der Schule Bücher, aber da ich das alles verwaltete, konnte ich es kaschieren. Niemand schöpfte Verdacht, es fiel keinem auf. Außer mir hatte niemand ein Auge auf die Schulbücher. Denn ich hatte eine Knaller-Vertuschungsmaßnahme entwickelt: Also, es waren weniger Bücher im Umlauf an meinem Gymnasium, wegen geschäftsmäßiger Abzwackung zur Selbstoptimierung. Demnach mussten die übrig gebliebenen Bücher einfach mehr Runden drehen. Wenn dann mal so ein Schweinchen-Schlau moserte: »Das is ja oll, alles vollgekrickelt und angemarkert«, hatte ich die Antwort parat: »Sei froh, dann haste nicht so viel Arbeit. Ist doch gut, wenn die wichtigsten Stellen schon angekreuzt sind.«

Ich meine, mal im Ernst – ich hab damals schon nachhaltig gearbeitet, *sustainable* Ende der 70er. Und gegen kriminelle Energie ist kein Kraut gewachsen, gegen meine auch nicht. Es lief so gut, dass ich in der 13. Klasse, kurz vorm Abi plante, sitzen zu bleiben. Noch ne Runde drehen, noch mal ein schönes Sümmchen mitnehmen. Mein Resümee schon damals, man muss ein bisschen tricksen, Tick Trick und Track, bisschen pfiffig sein, so wird man reich. Und: keine Reue, keine Zweifel. Am Ende: Wenn man mal genau hinschaut, genau mit der Haltung laufen doch die ganz großen Milliardengeschäfte ab. Aber, je genialer man vorgeht, desto dümmer ist der Vorfall, der einen zum Stolpern bringt. Man wird auch übermütig, unvorsichtig.

Jedenfalls – es gab irgendwann Bücher, die mit »Goethe-Gymnasium« gestempelt waren. Im Nachhinein denke ich, vielleicht hegte irgendwann jemand Verdacht und lies die Bücher schon vor der Lieferung in die Schule stempeln. Ich hatte keinen Grund, die Bücher zu öffnen, zu checken, reinzugucken und die Markierung zu bemerken. Ich hab die aus der Kiste genommen und vertickt. Bis ein Vater in den Büchern blätterte, die er für seine Tochter vergünstigt erworben hatte. »Was ist das? Was sollte das? Wie kann das sein? Das hast du uns verkauft.«

Im Zimmer des Schuldirektors knallten ein paar Kilo Schullektüre auf seinen Schreibtisch, dass es nur so rumste. Ich hab nicht mal gezuckt. Mir war eh alles egal. Ich hatte *think big* gespielt und verloren. Ich kannte das ja schon von der Nummer mit dem Jesuskind – siehe Kapitel zwei. Claudi mal wieder im Kreuzverhör.

Und die Erkenntnis seit dem dritten Lebensjahr: Nie wieder was zugeben. »Claudia, der Verdacht liegt nahe blabla blubb blubb, das hat schwere Folgen.« Blubberblubber. Der Direktor sicherte dem ja nun überhaupt nicht geschädigten Vater zu, dass man mich schon irgendwie geteert und gefedert über den Schulhof jagen würde. Von wegen Brief an die Eltern und kurz vorm Rausschmiss.

Als Papa die Petze weg war, stellte sich das allerdings dann doch anders dar. Der Schuldirektor holte einen sehr, sehr, sehr großen Schwamm – und legte ihn über die Causa Obert. »Es ist besser, wenn wir über den Vorfall kein Wort mehr verlieren. Du machst jetzt dein Abi, das ist das Wichtigste. Ach ja, Claudia, und den Schlüssel für die Bibliothek, bitte.« Den Schlüssel fummelte ich aus dem Ranzen und legte ihn in die Hand des Direktors. Und schönen Dank auch, dachte ich. Die Schule verzichtete sogar darauf, meine Eltern zu informieren. Ich glaub, mein *dealing* und *wheeling* hatte was von einem Wirecard-Skandal. Machte wohl keinen Sinn, ein Fass aufzumachen. Bei Veröffentlichung konnten nur alle verlieren und nichts gewinnen. Von wegen Kultusministerium mit der Bild-Zeitung im Schlepptau, Schlagzeile: »Milliardenbetrug am Gymnasium«. Brauchte kein Mensch.

Ich konzentrierte mich also aufs Abi und das hatte ich dann auch im Sommer 1980 in der Tasche. Was ich zu der Zeit nicht wusste – nicht nur ich hatte Geld an der Schule gemacht. Man machte auch Geld mit mir an der Schule. Auch einer meiner Brüder trug das Obertsche-Kohle-Gen in sich. Ich sonnte mich nämlich gern nackt im Garten, hinten bei den Büschen, wo die Hecke einen Knick machte und ich mich vor ungewollten Blicken sicher fühlte. Mein Bruder fand aber im Haus eine Position, von der aus er mich durch ein Fenster abschießen konnte. Ritsch, ratsch, klick mit seiner kleinen Pocketkamera von Agfa. Die pudelnackte Schwester lag da, mit

Glück auch mal breitbeinig. Ich ahnte gar nichts. Diese provinz-erotischen Werke hat er dann als Hobby-Newton für ein paar Mark auf dem Schulhof verkauft. Nie hab ich meinen Bruder dafür verprügelt oder zur Rede gestellt. Ich wusste es schlicht bis vor Kurzem nicht. Erst als ich der Familie von meinen Plänen fürs Buch erzählte, kam er an. »Ich hab da noch ein paar supi dupi Negative. Vielleicht ist das was für deine Biografie.« Und wie, Bruderherz.

PS: Für die, die ganz besonders aufmerksam bei der Sache sind und sich fragen, was wurde eigentlich aus Olaf, dem Brust-Pubertier? Der hat dank Claudi ein Spitzen-Abi gemacht! Ich war damals schon mein Geld wert. Olafs Mutter war mal zwischendurch der Meinung, es reicht mit der Nachhilfe – aber Chefarzt Daddy meinte: »Lass sie weiter herkommen.« Er ahnte, warum sein Sohn mit mir besonders gut lernte. Olaf machte schließlich mit 1,0 ein besseres Abi als ich selbst. Ich bin mir sicher, es lag an meinen Möpsen, er war echt motiviert.

Kapitel 6
Claudi goes Jetset

Es war allerhöchste Eisenbahn, dass Claudi mal bei den Superreichen nach dem Rechten schaut. Es war Frühsommer 1980, Abi mit Schnitt 2,5 – Haken hinter. Ein paar Kartons mit Geld unterm Bett und matratzentechnisch so rund 37 Typen flachgelegt. Es könnte mit 18 schlechter laufen. Außer, dass ich halt noch immer in Spießerhausen abhing.

Also ging ich in ein Reisebüro in Emmendingen und buchte einen Flug nach Nizza, als ginge es um eine Busfahrt in den Europapark Rust. Ich war mir über mein Ziel so dermaßen im Klaren, weil ich durch die *Bunte* wusste, wo die »Oberen Zehntausend« schwimmen gehen, wo die Crème de la Crème sich sonnt, der Jetset tanzt, die bessere Gesellschaft diniert – halt die High Society unter sich ist. Vielen Dank liebe *Bunte*-Kollegen, wer weiß, ob ich ohne euch jemals den Schwarzwald verlassen hätte.

Regelmäßig ging es auf üppigen Doppelseiten um die Côte d'Azur. Mal weil Playboy-Legende Gunter Sachs in St. Tropez ne Party schmiss, mal weil in Monaco bei Prinzessin Caroline was strubbelig lief. Unter besserer Gesellschaft verstand man damals übrigens noch Grimaldi, nicht Lombardi. (Liebe Sarah, lieber Pietro, nix gegen euren Erfolg, aber hier geht es um Kohle in der dritten Generation.) Also nicht reich wie die Geissens (huhu Carmen, huhu Roooobärt, lass mal wieder auf ein Tässchen in Monaco treffen) oder reich wie Philipp Plein, wisst ihr? Nix Oligarchengeprotze, die gab's noch gar nicht. Nicht Blattgold-Steak-Ribery-reich, oder Swarovski-Kristalle-besetzt-reich. Sondern millionen- und milliardenschwer, ohne dass es glitzert, wenn man vorfährt. Ohne dass jemand den Wohlstand mitbekommt, außer halt seinesgleichen.

Die »Oberen Zehntausend«, das waren zu der Zeit Industrielle, Adelige, Bankiers, Reeder, Vorstandsvorsitzende. Geld war damals männlich. Als Frau warst du teuer dekorierte Begleitung. Nur unter den Erben waren die Geschlechter einigermaßen gleichmäßig verteilt. Man traf sich an Orten, zu denen nicht jeder Zugang hatte. Vor allem, weil es sehr teuer war, sich dort aufzuhalten. Reichtum war damals diskret. Unsichtbar – und Normalos konnten halt nur mal ein bisschen an einer Illustrierten schnuppern, wie es bei stinkreichen Leuten so ist. Reichtum und Society waren geheimnisvoll und für die meisten unerreichbar weit weg. Kann man sich heute gar nicht mehr vorstellen, wenn man auf Insta #rich #richkidsofinstagram #richlife sieht, wo mit Karren, Bargeld, Uhren und bling bling geposed wird, als wenn es kein Morgen gäbe. Und das an unzähligen Orten weltweit, wo auch die Unter- und Mittelschicht Jetset spielen darf, weil Luxus und Logos längst demokratisiert sind, weil es genug Fakes gibt, mit denen man hochstapeln kann – und überhaupt, weil es mittlerweile verdammt billig ist, so zu tun als ob. Auf Ibiza, Mykonos, Malle, Tulum und in Phuket. Heute gibt es nur noch wenige Orte wie zum Beispiel die Hamptons bei New York oder die Karibikinsel St. Barth, wo Superreiche unter sich bleiben und mit altem Geld spielen. Wobei die Neureichen mit ihren Bitcoins auch immer drängeliger werden.

Das war Ende der 70er, Anfang der 80er halt noch ganz ganz anders. Und umso reizvoller für mich, genau in diese Kreise vorzudringen. »Mama, ich fahr mit der Arbeiterwohlfahrt an den Bodensee, ich hüte da Kinder im Feriencamp.« Da war sie wieder, die Claudia

Grimm, die unbekannte Schwester der berühmten Gebrüder. Ich glaub, zu dem Zeitpunkt hatten meine Eltern längst aufgegeben. Das war mehr so: »Whatever!« Geh mit Gott, aber geh. Reisevorbereitungen gab es keine – das ist bei mir heute noch so, wenn ich losziehe. Alles rein in den Koffer – irgendwas wird schon passen. Und dann die Kreditkarte einstecken, damals viel Bargeld in die Tasche – offen für alles, einfach drauflos, mal gucken, was geht.

Mit 14000 Mark aus meinem Buchhandel landete ich in Nizza. Mit dem Taxi ging es ins legendäre »Hôtel du Cap-Eden-Roc«. Mittlerweile 151 Jahre alt, Epizentrum der Schönen und Reichen. Ihr wisst schon, stand in *Bunte*. Googeln ging ja nicht. Wenn ich euch sage, dass Scott F. Fitzgerald schon dort nächtigte, dann sagen vielleicht viele: »Fitz-wer?«, also: Justin Bieber war auch schon da. John Lennon und Yoko Ono, Marlene Dietrich, Mick Jagger, Brigitte Bardot, Karl Lagerfeld. Rund um die Filmfestspiele von Cannes kommen alljährlich ich sag mal so: alle.

Ich hatte gelesen, dass der Inner Circle der Gäste etwa 2500 bis 3000 am Tag hierlässt. Mark oder Euro – gehopst wie gesprungen. Das ist halt die Abteilung, wo das Frühstücks-Ei schon 30 Dukaten kostet – und die Cabana, die kleine Hütte am Pool so viel wie die einfachste Übernachtung: 400.

Sharon Stones Intelligenzquotient soll 154 betragen. Das is schon schlau. Trotzdem zahlt sie Jahr für Jahr 1200 Euro für ein Zimmer oder 4100 Euro für eine Suite – pro Nacht – ohne Ei. Genau wie Brad Pitt, Hugh Grant, JLO, Milliardäre und Präsidenten. Warum zahlen die das? Weil man hier die Reichen und Berühmten vor dem Leben da draußen abschottet – und vor allem vor den Paparazzi. Es ist die Welt, in der dem Hund zum Geburtstag Kaviar serviert wird – die Welt, in der sich ein Gast ein bestimmtes Stück Kuchen per Heli einfliegen lässt. Vier Euro für den Kuchen, 2000 Euro für den Heli. Ist so in den Annalen des Hotels hinterlegt. Und das ist jetzt mal ausnahmsweise nix Schweinisches.

»Bonjour, Mademoiselle Obert, comment s'est passé son arrivée?" Mit Französisch hab ich's ja – damals schon. Ich sach: »Oui. Alles bestens daheim. Grüße vom Clan.« Und: »Freunde von mir sind auch grad hier. Bin ja früher viel mit meinen Eltern in den Ferien gekommen.« Claudi spielte Bullshit Bingo mit dem Concierge. Eher unabsichtlich – ich flutschte da in so eine Rolle rein, in meine Rolle. Und er sofort, selbst ein Meister des Rumsülzens auf ganz ganz hohem Niveau: »Mais bien sur – isch erinnere misch an disch – la petite Cloodia. Wie du erumgeschbrungen bist, in die Lobby.« Der Mann hatte mich garantiert noch nie in seinem Leben gesehen.

Das war der Moment, wo sich die Prophezeiung erfüllte – ich fühlte mich wie die Tochter von Onassis – und nicht wie Claudi aus Kippenheim. Im Rückblick: Ich war null unsicher. Dieser gigantische weiße Prachtbau, die Höhle der Superreichen, das schüchterte mich nicht ein. Im Gegenteil – ich war angekommen. 400 Mark kostete mein Zimmer pro Nacht. Das hatte ich vorab telefonisch geklärt und kramte ein paar Scheinchen aus der Tasche.

»Alors, der Schlüsselschen, Mademoiselle.« Und der Hinweis, dass die Nutzung des Pools 30 Mark extra kosten würde. Er hätte auch 300 sagen können oder 3000 – das war mir very very egal, denn das war meine Welt, ich hatte es geahnt.

Auf meinem Zimmer schmiss ich mich in meinen Bikini, ab an den Pool, ein kühles Glas Schampääääääign und beim Blick auf diese perfekte Umgebung war klar – das ist nicht der Ort, wo du schon am ersten Tag bei der Reiseleitung auf der Matte stehst, von wegen: »Die Würstchen auf dem Buffet sind kalt.« Oder: »Hörnsemal, das mit der Baustelle nebenan, das stand nicht im Prospekt.« Und schon gar nicht: »Im Pool sind Algen.« Das Meer war blauer als im Freibad daheim, die Handtücher am Pool hatten den Extra-Flausch, in den Teppichen sank man fünf Zentimeter tief ein, die Luft war weicher als … als … als … keine Ahnung, als alles, was ich bis dahin kannte. An solchen Orten scheint die Sonne einfach goldiger als am Baggersee. Keine Ahnung warum. Dieses Licht, die Yachten, die vorm Hotel ankerten, der Pinienduft, die Grillen – ich schlabberte noch das eine oder andere Schälchen Blubberwasser und ging dann früh ins Bett.

Am nächsten Morgen war ich schon um sechs wach und wollte den Laden mal gründlich inspizieren und – ja – auch Reiche gucken gehen. Ich hatte meine Tennisklamotten mit, weil meine Omas mir ja als Teenager den heimischen Tennisclub spendiert hatten. Das war jetzt und hier in einem der teuersten Hotels der Welt das perfekte Outfit – besser ging nicht. Ich also kurzes Tennisröckchen, T-Shirt, dann ein paar Treppen und Wege unter Palmen entlang, an kunstvoll in Form geschnittenen Buchsbäumen vorbei Richtung Tennisplätze. Aus der Ferne hörte ich schon das plok – plok – plok des Balls auf dem Sandplatz. Da spielten zwei, von denen ich zuerst nicht wusste, ob es der Tennislehrer und ein älterer Schüler waren. Ich hab mich einfach auf die Bank gesetzt und zugeguckt. Beide sprachen Deutsch. Der Ältere war auf Anhieb sichtlich genervt, hatte schnell keine Lust mehr und brach das Match ab.

»Dann spielen wir noch ein bisschen«, rief ich und sprang auf, griff nach dem Schläger und die Antwort erübrigte sich. Vorteil Obert. Was ich zu dem Zeitpunkt nicht wusste: Mein Tennispartner war der Sohn eines der reichsten Deutschen. Rüstungsindustrie. Während ich mit Matthias, so hieß er, nichts ahnend spielte, ging der Alte, sein Vater, an die Rezeption. In Begleitung seiner Bodyguards, die fast unsichtbar in der Nähe der Familie waren. Der Vater hielt mich für eine Terroristin und ließ mich überprüfen. Ein

Rüstungsindustrieller war 1980 zweifellos im Fadenkreuz der zweiten Generation der RAF. Und die brutalen Anschläge linksextremen Terrors von 1977 waren einfach stark präsent. Der Terror ging auch 78/79 weiter – kein Wunder, dass eine der reichsten Familien Deutschlands zumindest nervös war, wenn sich ihnen spontan eine fremde Person näherte.

Nach dem Match gab ich Matthias meine Zimmernummer – kaum kam ich verschwitzt rein, klingelte das Telefon. Und dann war man schon wieder mittendrin. »Wasmachsteheutenochso? Wollen wir nicht, wir könnten doch?«

Beim Abendessen erzählte ich ihm, dass mein Vater Finanzbeamter ist – Matthias sagte nur: »Mein Vater ist Unternehmer.« Er fand meine Geschichte unglaublich, dass ich mit 18 allein auf diese Reise gegangen war. »Wichtig ist nur, dass man sich nicht erwischen lässt! Auf dein Wohl.« Das war sein Kommentar zu meiner Dealerei mit den Schulbüchern, denn ich musste ihm ja erklären, woher ich das Geld für den Trip hatte, was ich ihm brühwarm nach ner Portion Trüffel-Spaghetti offenbarte.

»Eine kleine Ganovin bist du – aber keine Terroristin.« Dann erzählte er, welchen Aufwand sein Vater am Nachmittag betrieben hatte, um herauszubekommen, ob Terroristen sich jetzt schon in Tennisoutfits an ihre Opfer ranmachen. Ich sag nur BKA, LKA, Interpol, Scotland Yard, MI5, MI6. Ich glaube, Matthias' Vater hatte auch den Gendarm von St. Tropez, Louis de Funès, eingeschaltet. Nach dem Motto: »Wir haben etwas sehr Merkwürdiges aufzuklären!« – »Nein!« – »Doch!« – »Oh!« – »Eine 19-Jährige mit ner Menge Francs in der Täsch.« – »Nein!« – »Doch!« – »Oh!«. So ungefähr.

Dann war aber auch Schluss mit den Lach- und Sachgeschichten. Matthias, 24, legte den Vorwärtsgang ein. »Hab mich schlimm in dich verknallt.« Das war der Auftakt für eine verdammt französische

Woche. Am Tag Pool mit Fummeln in der Cabana, dann auf das Boot seiner Familie, inklusive in die Kajüte verdünnisieren, abends Essen gehen, dann in die Disco »La Siesta«, und weil's so schön ist noch mal in die Karierten und noch ein, zwei Nümmerchen schieben. Ja, unter der Palme, an der Palme, hinter der Palme und wenn's ganz schnell sein musste und wir es nicht aufs Zimmer schafften, dann auf dem Flur des Hotels. Die Video-Sex-Tapes liegen da bestimmt noch rum.

Matthias wohnte übrigens gar nicht im Hotel. Neben dem Eden-Roc lag damals die Oetker-Villa, für die Jüngeren, das sind die mit dem Backpulver. Dann kam die Langenscheidt-Villa, das sind die mit dem Duden. Dann die Villa von Heidi Horten, Stichwort reiche Witwe. Schließlich die Villa von Matthias' Familie. Zwischendurch rief ich eine Freundin zu Hause an und machte einen Lagebericht. Das war ne ganz jecke Tante – als die nur »Industriellen-Sohn« hörte, war sie mehr aus dem Häuschen als ich. Die hatte ein Buch von der Commerzbank, das hieß »Wer gehört zu wem?«, die Hintertupfingen-Version von »Who is who?«. Die hat gleich nachgeschlagen und dann am Telefon nur noch gequiekt vor Freude. Die wollte immer einen reichen Mann und hat gern recherchiert. Aber das mit dem Herrn Millionär hat leider bis heute nicht geklappt. Wahrscheinlich hängt sie grad in Emmendingen die Wäsche auf. Mach dir nix draus, Karin!

Das mit dem Stalken, das ist nicht meins, ich hab noch nie Typen gegoogelt. Ich kümmer mich lieber um mein Geschäft als um das anderer Leute – da halte ich gar nichts von, auch nichts von der Jagd auf Millionäre. Das muss einfach passen. So wie morgens auf dem Tennisplatz. Ich wusste nichts von ihm, er nicht von mir. Das kann man nicht erzwingen oder steuern. Aber klar ist grundsätzlich auch: Männer wie Matthias und seinen Vater triffst du nicht in der Straßenbahn mit dem Fahrtziel Köln Porz.

Ich sach: »Tschüss Karin, ich meld mich – hier ist noch ein paar Tage *faire l'amour* angesagt, vögeln de luxe sozusagen.« Matthias reiste früher ab als ich. Und da er die Rechnungen übernommen hatte, hatte ich natürlich noch ordentlich Francs im Koffer. Ich hab mich dann noch in Nizza und Monaco rumgetrieben, bisschen geshoppt. Im Hotel de Paris in Monaco lernte ich beim Tee Herrn Teddy Bernstein kennen. Oder Eddy oder Freddy – Leute – das ist über 40 Jahre her. Er spielte mit einem Nat oder Brat Backgammon. Angeblich hatten sie was mit Bond-Filmen zu tun. Jedenfalls versprachen sie mir eine Rolle als Bond-Girl. Ob sie es ernst mit mir meinten? Hatte keine Zeit, der Sache auf den Grund zu gehen. Der eine war kurz davor, mir ein Collier zu schenken, für eine Nacht mit ihm. Aber ganz ehrlich – nu war auch mal gut. Ich hatte echt keinen Bock mehr. Kam auch in meinem Leben hin und wieder vor. Selten – aber es kam vor. Ich entschuldigte mich, von wegen Nase pudern und bin dann hinten durch die andere Drehtür raus. Nach zehn Tagen war nicht nur ich, sondern auch die Taschen leer. Feierabend.

Fürs Taxi zum Flughafen reichte es noch. Das Rückflugticket hatte ich ja. Erst mal wieder nach Hause. Knicke-knackebraun kam ich in Emmendingen durch die Haustür. Meine Mutter musterte mich und wollte wissen, wie es war. Am Bodensee. Mit den Kindern. Mit der Arbeiterwohlfahrt. »Schön war es – wir haben viel gespielt. Unterkunft und Essen waren gut, die Kollegen nett. War prima.«

Meine Mutter hörte sich alles an – aber ich merkte, irgendwas erschien ihr nicht schlüssig. »Sag mal Claudia, ihr hattet doch nur schlechtes Wetter – es hat doch fast nur geregnet? Woher kommt deine Farbe?«

Ich stammelte was, von: »Braun war ich doch vorher schon, vom Garten.« Meine Mutter wunderte sich über gar nichts mehr. Also heute kann ich es dir sagen Mama: »Ich war damals nicht am Bodensee, sondern hab in Südfrankreich die Schwarte krachen lassen. Und das Wetter war Bombe – aber nicht nur das Wetter.«

Mit Matthias das war ne crazy Lovestory. Er kam dann dreimal die Woche zu mir, einmal waren wir auch noch in Paris. Er hatte dann immer eine Pistole dabei. Und wir sprachen da auch noch mal über das ständige Gefühl der Bedrohung, mit dem er lebte. Im September wurde ich 19. Meine Mutter hatte fünf Kuchen gebacken, wir erwarteten Gäste. Da rief Matthias an, er sei in Freiburg und wolle mit mir feiern. Ich ab durch die Mitte und hab die Torte Torte sein lassen. Das war noch mal ein super Wochenende mit ihm.

Er schenkte mir sehr großzügig ein Schmuckset von Cartier. Das war der 24. September 1980. Danach haben wir uns nie wiedergesehen. Soll ja oft so sein, wenn der Sommer geht und der Herbst kommt. Ich hatte schon wieder neue Pläne, er musste in der Firma des Vaters ran. Vielleicht haben auch die Eltern interveniert. Kann sein. Man weiß es nicht.

Was bleibt nach all den Jahren? Nicht mal das Schmuckset von Cartier, denn das hab ich irgendwann mal verscherbelt, als ich Geld brauchte. Und Matthias starb viel zu früh, mit Anfang 50, an Krebs. Und jetzt, Ironie des Schicksals, das hab ich in *Bunte* gelesen. Die Firma seines Vaters ist heute noch ein Big Player. Die machen vier Milliarden Umsatz im Jahr. Aber kaum jemand kennt den Laden, kennt die Familie. Alles unterm Radar halt.

Ich denke, dass einige von euch jetzt wahrscheinlich sagen – wow, das wäre es doch gewesen, so ein Milliardär. Und klar denke ich heute manchmal, Claudi hatte echt Chancen. Aber es ist ein Fehler zu glauben, dass Geld alle Probleme löst – oft macht es auch welche.

Und diese ganz wichtigen Dinge wie Liebe und Gesundheit ... das kann man sich nicht kaufen. Sagen wir so – ich bin hin- und hergerissen. Mit Geld, das sind schon bessere Sorgen und Probleme, so wie: »Wo finde ich bloß einen neuen Gärtner?« oder: »Nehm ich außer dem Ferrari gleich noch den Lambo mit, hm schwierig.« Und an der Fischtheke: »Waaaas, der Hummer ist aus, Hilfe was esse ich jetzt?« Damit käme ich ganz gut klar. Ich meine, ich war ja auf diesem Trip nicht auf der Suche nach einem Bräutigam. Tatsächlich war das doch der langersehnte Ausflug in die Freiheit und in eine Welt, von der ich instinktiv annahm, dass ich da hingehöre.

Das Resümee der Reise war: So will ich leben! Reich und unabhängig, da wo der Champagner kühler ist, das Meer glitzernder und die Teppiche dicker als sonst wo.

Kapitel 7
Aus Spaß wurde Ernst

Mir war ja so schlecht, man war mir schlecht – schon seit drei, vier Tagen. Als ich von der Toilette kam und zum zweiten Mal an diesem Tag gekotzt hatte, übernahm meine Freundin Veronika die Initiative. »Ich hole in der Apotheke einen Schwangerschaftstest – bin gleich wieder da.«

Veronika kannte ich noch vom Gymnasium, sie war medizintechnische Assistentin und alleinerziehende Mutter einer sechsjährigen Tochter. Ich war im Herbst nach meinem 19. Geburtstag bei ihr eingezogen. Bei meinen Eltern, das ging einfach nicht mehr. Nachdem ich die Familie an meinem Geburtstag mit den fünf Torten: Schoko, Kirsch, Aprikose, Käsesahne und was mit Streusel sitzen gelassen hatte, war der Bock fett. Zumal ich ja abgerauscht und drei Tage nicht wiedergekommen war und auch danach immer mal nur für frische Wäsche ins traute Heim zurückgekehrt war. Türen hatten geknallt, Flüche waren durchs Haus gehallt. Ende Gelände, Schicht im Schacht.

Veronika bewohnte eine große Altbauwohnung im Zentrum Freiburgs. Ich hatte mich in einer Sprachenschule angemeldet und strebte einen Abschluss als Wirtschaftssekretärin an. Einen Plan hatte ich nicht wirklich. Das war nur so eine Idee – ich hatte sie von anderen Mädchen an der Schule aufgeschnappt. Kann dazu heute keine weiteren Angaben mehr machen. Irgendwie passte das – die Wohnung von Veronika lag fußläufig zur Schule, es war Frühling, fast Sommer – und da ist Freiburg ein Traum. Studentenstadt mit verwinkelten Gassen, urigen Kneipen, schon vor 40 Jahren fuhr hier fast jeder mit dem Rad. Und es ist die City mit den meisten Sonnenstunden in Deutschland. An 145 Tagen im Jahr scheint in Freiburg die Sonne – dass das mit den Hormonen was macht, ist auch klar.

Das is so: Mehr Licht = mehr Lust, führt zum Ankurbeling der Libido und erhöhtem Schnackseling Day and Night. Ja, und so hatte Claudi sich putzmunter schon seit Monaten den Frühlingsgefühlen hingegeben und gaaaaaanz viel Liebe gemacht. Veronika ist morgens immer schon um sieben los, ins Labor. Ihre Tochter ging in den Kindergarten. Ich ging zur Schule, hatte nachmittags Ruhe, weil die kleine Mona bei Verwandten und Nachbarn war, bis Veronika nach Hause kam. Das war eine schöne, gemütliche Wohnung, aber kein Luxus. Wir haben damals oft abends zusammen gekocht – ich bin dann noch los, wenn Veronika ihr Kind ins Bett brachte und selbst platt war. Mein Motto dagegen war: »Zu Vino sag ich nie no.«

Ich nahm die Pille und wenn man mal in den Tüdel kam, dann kamen auch alle anderen Verhütungsmethoden infrage. Logo, ich wollte nur Spaß haben, aber nie noch schwanger werden. Ficken ja, wickeln nein.

Während ich also auf Veronika wartete, überkam mich noch mal der starke Drang, eine Runde zu vomieren. Die Tür schnappte ins Schloss und Veronika fand mich über der Kloschüssel. »So, meine Süße, dann wollen wir mal.« – »Angelikaaaaaaaaaa, was bedeuten zwei Balken? Hast du ma die Packung für mich?« Ja, dann vergleichst du dein Stäbchen mit der Abbildung auf der Packungsbeilage. Drehst erst das Stäbchen, dann die Packung. Dann schüttelt man das Stäbchen, dann die Packung. »Halt mal lieber mehr ins Licht«, meinte ich. Doch Veronika schnappte sich die Packung, die Packungsbeilage und das Stäbchen und setzte sich auf den Wannenrand. »Vergiss es, du kannst es drehen, wie du willst, kannst im Dunkeln und im Hellen gucken und ne Kerze dranhalten – es ändert sich nix: Herzlichen Glückwunsch Claudia, du wirst Mama.«

In meinen Ohren halte ein dumpfes Echo »Mahmaaaaaaa, waber waber, mahhhmaaahhhh, wooooobbbboooboob, mmmmaahhammmmmaaa.« Veronika hatte einen zweiten Test mitgebracht – von wegen, falls was falsch läuft.

Also die ganze Prozedur noch mal. Das Ergebnis: immer noch zwei Balken. Veronika tanzte und hüpfte und rief »Juhu«. Aber nicht sie war schwanger, sondern ich. Und ich machte ein Gesicht, als hätte man mir eine plattgefahrene Taube vor die Füße gelegt. Veronika sprang auf, drückte mich, die nicht gedrückt werden wollte und sagte: »Iiiich freu mich sooo für diiiiich!«

Meine Diagnose: Ich hatte schwerste Mulmeritis, wegen Angst, wegen Claudis Welt bricht mal eben zusammen. »Okayyy Veronika, mal gucken – meld mich – nee, kein Tee, lass mal – ja schön, du auch – bis später, weiß auch noch nicht. Ja Junge oder Mädchen, Hauptsache gesund.«

Wütend, traurig, überfordert schlich ich in mein Zimmer, schmiss mich aufs Bett. Als ich nach Stunden wieder rauskrabbelte, meinte Veronika nur: »Wer ist denn der glückliche Vater?« Ich sach: »Bernd Klaus Peter.« – »Bernd Klaus, Nachname Peter?« – »Ne, Veronika, entweder Bernd oder Klaus oder Peter.«

Schluck, huch, was, wie – ne. Doch. Drei Männer kamen als Vater infrage – ich hatte es vielleicht doch ein bisschen übertrieben. Zwei kann ja schon mal sein, oder? Es waren aber drei. So liebe Claudi, wer soll nun dein Herzblatt sein, der Vater deines ungeborenen Kindes? Kandidat 1: Peter, der charmante Richter, der seine Frau betrog. Oder Kandidat 2: Klaus, der Dachdecker mit großer

Firma und 7er BMW. Oder Kandidat 3: Bernd, einer der örtlichen Blumenhändler. So Claudi, jetzt musst du dich entscheiden.

Aber da gab's nix zu entscheiden – ich war mit allen dreien gleichzeitig zugange. Ich hatte keine Ahnung, wer wohl ins Schwarze getroffen hatte. Ich hab den Kalender vor und zurückgerechnet, so viele Notizen gemacht, dass ich noch nach unten Zettel an den Filofax angetackert hab. An der Wand sah es mit den angeklebten Notizen und Zetteln und Zeichnungen aus, wie wenn sie bei CSI Miami den Mörder suchen. Klar, wer war der Täter? Wie ein guter Kommissar ging ich auf Spurensuche, traf einen nach dem anderen Tatverdächtigen zu einem Gespräch unter vier Augen. Das hatte natürlich was von Miss Marple und Colombo, wenn man einen Bettgefährten bezüglich einer möglichen Vaterschaft befragt. Irgendwie geht's ja um Indizien, Beweise und Alibis. Je nachdem. Natürlich wusste Bernd nicht von Klaus und Peter. Und Peter nicht von Klaus und Bernd. Und Klaus nicht – ihr wisst schon.

Das erste Treffen mit Richter Peter. Schön ist anders. Ich hatte ihm wirklich was bedeutet. Er war sehr emotional. Allerdings meinte er – er könne eigentlich nicht der Vater sein, weil er glaubte, er sei zeugungsunfähig. Seine Frau jedenfalls konnte er nicht schwängern. »Bist du dir sicher, dass es mein Kind ist?« – »Ja hundertprozentig, du bist der Einzige für mich«, log ich, ohne rot zu werden. Er war 20 Jahre älter als ich und wir hatten ein paarmal in Weinlaune einen weggesteckt.

Der Dachdecker, Klaus, war sehr pragmatisch veranlagt: »Du, Claudi, nützt ja nix, können wir beide nicht gebrauchen, nä, is doch so, was sollen wir da groß um den heißen Brei reden.«

Bernd, der Blumenhändler, blieb Gentleman: »Entscheide du, ob du das Kind willst – du kannst dich so oder so auf mich verlassen.«

Meinen Eltern erzählte ich nichts. Meine Mutter sagte oft, sie hätte so gern ein Enkelkind von mir. Meine Eltern hätten mitangepackt und das Kind großgezogen. So sehr sie meinen Lebenswandel verurteilten – aber das wusste ich immer – wenn's drauf ankam, hätte der Obert-Clan mich nicht im Stich gelassen. Eine Geburt wie bei den Elefanten, die ganze Herde steht um die Kuh rum. Ich wusste, was auf mich zukommen würde: Ich müsste mein Leben ändern, mich auf das Kind einstellen. Schampäääääääign-Pullen zu Milchfläschchen. Warum eigentlich nicht?

Zwei Nächte diskutierte ich mit Veronika. Ich sah, was es für sie bedeutete, Mona allein großzuziehen, was es für eine Belastung war. Aber es war machbar. Und so kam der Moment, wo ich mich erwischte, dass ich Namen für das Kind aussuchte: Wenn es ein Mädchen würde, dann Jacky, wie Onassis-Kennedy, und wenn es ein Junge würde, dann James, wie Bond. Ich wäre Mutter geworden von Jacky Obert oder James Obert. Das Kind wäre heute 40. Aber so versuchte ich, zur Tagesordnung überzugehen. Es gelang mir nicht wirklich, aber es musste eben irgendwie gehen.

Jedenfalls nahm ich an der Sprachenschule nur unregelmäßig am Unterricht teil – einmal wurde ich sogar rausgeschmissen. Bei der anstehenden Prüfung hatte ich nicht mal ein lückenhaftes Wissen – ich war schlicht ahnungslos. Ich brauchte aber die Pappe für den Abschluss, sonst wäre ja alles für die Katz gewesen. Ich also ab zur Handelskammer und erklärte, dass ich ja eigentlich mehr hochbegabt und total unterfordert an der Schule bin, ich hätte einen festen Job in Hamburg in Aussicht, bräuchte aber als Nachweis den Abschluss. Ich hab die da plattgequatscht.

»Gut, wenn ein junger Mensch einen festen Arbeitsplatz in Aussicht hat, dann wollen wir dem nicht im Wege stehen. Aber wir möchten betonen, dass wir noch nie jemandem mit so wenig Wissen ein Abschlusszeugnis ausgestellt haben.« Ich hab nur noch gesagt: »Verstehe ich total.« Und bin los.

Warum ich nicht sofort nach Hamburg bin, das kommt gleich im nächsten Kapitel. Das wird auch noch mal total »Auweia Auweia«. Füllt mal kurz die Nüsschen nach, falls ihr schon wieder alles leergeknabbert habt – oder einmal kurz aufs Klo? Kleines Päuschen? Ist ja schon ne Menge los hier und wir sind ja erst bei Kapitel 7.

Übrigens: Die potenziellen Väter meines ungeborenen Kindes, die wissen bis heute nichts voneinander – nie aufgeklärt den Schlamassel. Richter Peter ist heute noch – kinderlos – mit seiner Frau zusammen und meldet sich hin und wieder. In der Annahme, dass er mir damals ein Kind gemacht hat. Rührend ist er. Ich bringe es aber auch nicht fertig, zu sagen: »Peter, du – vielleicht war ich auch von Klaus oder Bernie schwanger.« Denn Richter Peter ist mittlerweile 80, *think about it* – der war ja 20 Jahre älter als ich. Da muss man inzwischen auch auf den Herzschrittmacher Rücksicht nehmen.

Ich kann und will dieses wichtige Kapitel meines Lebens nicht zu Ende schreiben. An dieser Stelle bin ich blockiert – so sehr ich in diesem Buch auch auspacke, aber – mehr als »Ich war mal schwanger« kann und will ich nicht preisgeben. Vielleicht habt auch ihr in eurem Leben solche Erinnerungen, wo ihr beim Erzählen stockt – wo ihr sagt, die Vergangenheit soll ruhen. Dass ich aber heute Mutter sein könnte, das gehört zu meiner Biografie – vielleicht wäre dann alles ganz anders gekommen. Ist es aber nicht.

Kapitel 8
Nennt mich Lustnutte

»Komm mit«, also eher mehr »Viens avec moi«, sagte ein Typ zu mir, bei dem mir heute noch das Wasser im Höschen zusammenläuft.

Ich hatte gerade ein Luxusappartement in Paris betreten, raus aus dem Aufzug und rein in die Edelhütte, aus der Musik und Stimmengewirr drang. Dort sollte eine Party der High Society von Paris stattfinden. »Viens« – also wirklich so ein Alain-Delon-Verschnitt zieht mich vom Flur einmal nach links an der Garderobe entlang und dann nach rechts in eine Nische. So schnell kannste gar nicht denken, wie du eh nicht gucken kannst. Vage nahm ich livrierte Kellner wahr, die mit Tabletts und riesigen Champagnerflaschen hektisch an uns vorbeizogen. Es roch nach teuren Duftkerzen, es war schummerig, überall Spiegel – und der Hammertyp machte ungefragt einen Knopf von meiner Bluse auf und fing an, mich abzuknutschen. Mein lieber Onkel Otto. Ich sach »Moment – attends une minute, ich bin mit jemandem zusammen hier.« Drehe mich um und sehe, wie sich eine wildfremde Frau am Hosenschlitz meines Freundes zu schaffen machte, sein bestes Stück zwischen den Lippen. Was war ich sprachlos. Ich stand da mit offener Bluse und offenem Mund, während der Schwipp-Schwager von Alain Delon weiter meine Brüste knetete. Ihr wisst, ich hatte ja schon bisschen was auf dem Kerbholz und meine erste Reaktion von wegen »wasisnhierlos« verflog schlagartig, denn: Claudi war auf einer Sexparty, mitten in einer echten Orgie, herzlich willkommen aber auch. Nix Paris, die Stadt der Liebe, Händchenhalten in den Tuilerien, Knutschen im Bötchen auf der Seine – sondern hardorce Paris – Gruppensex. Bonjürchen aber auch.

Wie bin ich denn da gelandet, fragt ihr euch – und ich frag mich das jetzt auch noch mal. Also, Rückblende: Ich ging im Sommer 1981 als ausgebildete Fremdsprachenkorrespondentin nach Hamburg, um dort in einer Werbeagentur zu arbeiten. Ihr wisst, das Zeugnis hatte ich mir in Freiburg erquatscht. Ich geb Gas, versprochen, denn ihr seid ja wahrscheinlich verdammt scharf darauf, mehr von der geilen Party zu lesen. Werbeagentur war aber nicht mein Ding, die Erinnerung liegt im Hamburger Nebel und dann hab ich da ganz schnell wieder ausgecheckt. Gleichzeitig hatte ich mich in Freiburg an der Uni eingeschrieben, weil ich dachte, ein Jurastudium wäre auch nicht verkehrt. Also Wintersemester 1981: Ich seh es noch vor mir, wie mir da ein Typ während einer Vorlesung einen Liter Milch in den Nacken gekippt hat. Daraufhin hab ich das Studium abgebrochen. So – damit wäre das nämlich in der Kürze knackig abgehakt.

Passt auf – jetzt wird's wieder funny. Ich stand da also ohne Job und ohne Studium. Aber ich war ja verdammt beweglich, denn ich hatte ja noch Geld aus meinem Schulbücher-Deal. Reichlich. Und wie so oft in meinem Leben war ich einfach nur spontan – ohne jeden Plan – einfach ab nach Paris. Ich hätte mir auch einfach ein Taxi nehmen können, ich hätte nach Wien mit dem Fahrrad radeln können oder mit dem Heli in Kyritz an der Knatter landen. Total egal. Vollkommen ohne Ziel folgte ich dem reinen Impuls. Es wurde der Zug nach Paris und nach vier Stunden waren die Champs Elysées meins. Gleich auf einem ersten Streifzug durch die Stadt, spricht mich ein Typ an.

»Hallo, wer bist du, kann ich dir helfen?« Man war sich sofort sympathisch, wir haben geflirtet und gingen in ein Restaurant. »Je m'appelle Jany.« – »Und ich bin die Claudi.«

Jany war ein ziemlich gutaussehender Typ, von dem man sich gern anquatschen lässt. Ich damals 20 und ein paar zerquetschte, er Mitte 40 – ein Internist in der Mittagspause. Jedenfalls nach einer Meeresfrüchteplatte und ein paar Gläschen Schampus stand fest, Claudi holt ihre Sachen aus dem Hotel und zieht bei Jany ein. Prösterchen auf die deutsch-französische Freundschaft. Es hatte gefunkt, die Sache war klar und wie üblich, wenn meine Wenigkeit im Spiel war, gab es keine Zeit zu verlieren.

Das Lebensmotto, das mich mit Jany auf Anhieb verband: »Why not?« – Oder wie der Franzose sagt: »Wen juckt's?« Man muss dazu sagen, es war Frühjahr 1982, das war vor Aids. Man war einfach lockerer, unbeschwerter. Die sexuelle Befreiung, Hippies, Woodstock, freie Liebe, das war damals grad mal so 13/14 Jahre alt. Es war ein völlig anderes Lebensgefühl. Man witterte nicht an jeder Ecke einen Serienmörder, man war optimistischer, sorgloser und die Welt war ein bisschen besser als heute.

Und noch was war total anders als heute: Das Aussehen von uns Mädels. Ich war damals in Paris vor allem blutjung, leicht gebräunte Haut hatte ich schon immer, kein Make-up im Gesicht – nicht mal Wimperntusche, vielleicht ein bisschen Creme auf den Lippen. Also nix Haarextensions, nix künstliche Wimpern, nix künstliche Nägel oder Gummibrüste. Wir waren damals als Mädels echter, vielleicht auch ehrlicher, auf jeden Fall haben wir null Zeit mit dem Thema Beauty verbracht. Kein Vergleich zu dem Insta-Wahnsinn von heute. Man war frisch geduscht und nicht mal geföhnt. Aber immer gut gefickt.

Gutes Stichwort, ich darf nicht den Faden verlieren. Ich also mit Jany ab in sein Appartement im 20. Arrondissement. Damals schon ein Millionen-Francs-Penthouse mit Blick auf Sacré-Cœur. Der typische Pariser Altbau: Fenster bodentief, Parkett, Kamin, spartanisch eingerichtet mit Antiquitäten und modernen Klassikern. Große Räume, Dachterrasse. Très chic, hab ich gedacht. Zwei Zimmer, die mit einer offenen Flügeltür verbunden waren, könnte ich bewohnen.

Langsam war es Zeit, mal das Kleingedruckte zu lesen. Ich sach: »Jany, jetzt mal Butter bei die Fische«, also auf Französisch natürlich (und das heißt nicht etwa *beurre avec les poissons*). Ich wollte wissen, auf was für einen Handel ich mich da einlasse. Während er mir alles zeigte, die Küche, die Bäder und erklärte, dass die Putzfrau dreimal die Woche kommt, erzählte er, dass er einfach gern jemanden bei sich hätte, nicht gern allein ist – kein Zwang, kein Deal, keine Verpflichtung. Und überhaupt, was soll ich im Hotel, bei ihm sei es doch eh viel schöner, so wäre ich mittendrin im echten Pariser Leben, außerdem sei er schon immer gastfreundlich, ich könne so lange bleiben, wie ich will: alles kein Muss aber ein Kann.

Es dauerte ein paar Tage, bis ich verstand, was Jany sich genau vorstellte: eine offene Beziehung. Zwanglos, unkompliziert, unverbindlich. Es war nicht nur eine Mitwohngelegenheit, sondern auch eine Mitfickgelegenheit. Ich war seine Spielgefährtin. Aber nicht in Sachen Schach oder Halma. Des Internisten Hobby war das Rudelbumsen in den höchsten Society-Kreisen von Paris. Ich hatte längst den Schlüssel zur Wohnung und er ging morgens zur Arbeit in seine Praxis. Der Kühlschrank war immer voll – und er sollte niemals leer werden, in all den Jahren, die ich nun bleiben würde, ohne dass ich jemals einkaufen ging.

Jany legte mir fast täglich kommentarlos ein paar hundert Francs auf den Tisch, die ich im Laufe des Vormittags vorfand, wenn ich mir so langsam überlegte, was ich mit dem Tag anfangen würde. Meine Lage erinnerte mich an einen Spruch meiner Oma Elis: »Seht euch die Vögel des Himmels an: Sie säen nicht, sie ernten nicht und sammeln keine Vorräte an, aber der himmlische Vater ernährt sie doch.« Abgewandelt: Seht ihr die Claudi in Paris, sie schuftet nicht, sie geht keiner Arbeit nach, vögelt nur rum – und der himmlische Vater ernährt sie doch.

Ich konnte machen, was ich wollte, fing an, wie eine Pariserin fast täglich zum Friseur zu gehen, ließ mich schminken, stylen, shoppte durch die Boutiquen, die Rechnungen gingen an Jany. Abends gingen wir aus – und hatten Sex, der aber nicht der Rede wert ist, einfach weil der Rest von dem, was hier abging, so viel spannender ist. Die Nümmerchen mit Jany hab ich »unter ferner liefen« abgespeichert.

Wenn wir uns mit Freunden trafen, sagte Jany schon mal: »Hast du Lust auf meinen Freund soundso? Willst du es mal mit demunddem versuchen?« Das ging immer ein Stück weiter. Einmal besuchte uns ein Pärchen. Monique und den Namen ihres Freundes hab ich vergessen. Wir aßen eine Kleinigkeit zusammen, der Champagner ging aus und ich in die Küche, um Nachschub zu holen. Ich komme zurück ins Wohnzimmer, da sitzt Jany da und hat sich eine Zigarette angezündet, während die Frau gemütlich ihrem Mann den Schwanz lutscht. Also – das war nix für zarte Gemüter mit Hang zur Romantik. Ich hatte mich da schon von den versauten Parisern anstecken lassen. »Willst du ihn?«, fragte mich Monique. Da war es, das berühmte *voulez-vous*. »Oui«, antwortete ich. Erst mal allen nachgeschenkt und mich dann auf ihren Freund gesetzt, der zwischen den Beinen einen Eifelturm hatte. Sorry, aber der Gag muss ja wohl sein. So vergnügten sich Monique und ich abwechselnd mit ihm, während Jany zuschaute. »Ich bin nicht so gut bestückt – viel Spaß.« Jany legte eine andere Platte auf – holte noch Snacks, leerte den Aschenbecher ... also das war so was von normal, wie wenn sich andere Leute zum Kartenspielen treffen oder so.

Man kann sagen, ich bin da reingerutscht und rutschte von Woche zu Woche immer tiefer in eine total schweinische Sexclique, in der jeder mit jedem schlief. Claudi vom Lande dachte ja, sie hätte es faustdick hinter den Ohren – aber Paris, das war eine andere Liga. Es war eine Mischung aus Anwälten, Unternehmern, Adel, Ärzten, Privilegierten aus allen Bereichen der Gesellschaft. Was sie verband, war das Geld und das gemeinsame Hobby. So erklärte mir Jany den »Sexclub«. Mehr wusste ich nicht und man sprach sich nur mit den Vornamen an.

Auf mich waren alle scharf und so schlief ich mich einmal quer durch den Club. Hin und wieder gab es dann diese Partys, die in Privatwohnungen oder auf Anwesen außerhalb der Stadt stattfanden. Ich war mit Jany also gerade in der Partylocation angekommen (siehe Kapitelanfang) – und man war dann halt auch sofort bei der Sache, kein umständlicher Small Talk, nach dem Motto: »Sie auch hier, was machen die Kinder, das mit den Parkplätzen wird immer schlimmer«, sondern man war unter Gleichgesinnten, die alle nicht wegen der Häppchen und der Drinks gekommen waren, sondern um so viel Sex wie möglich mit so vielen Personen wie möglich zu haben.

20 bis 30 Leute dödelten und rödelten wild durcheinander. Das Kamasutra hat was? Dreihundertdrölfzig Stellungen? So musste dir das vorstellen. »Glühender Wacholder« – »Die leidenschaftliche Schubkarre« – »Der Propeller der Leidenschaft« – »Die verirrte Reiterin« – »Das glühende Dreieck« – wurde alles geturnt. Auch »Das

fantastische Schaukelpferd«, »Das Vorhängeschloss« und »Der Flipper«. Das Ganze auch in schwul und lesbisch. Verklemmte hatten da nix zu suchen, Partymotto »Die Sau rauslassen«. Es gibt ja so viele Stellungen und Winkel im Körper zum Quadrat, kannst dich drehen und machen wie blöd.

Auf der Party war auch einer, so ein Graf von Tralala, der liebte die Position »Der Faulenzer« – das müsst ihr mal nachschlagen, ich mach jetzt keine Zeichnung. Jedenfalls da hab ich die Erfahrung gemacht, als ich nebenbei seinen Sack gekrault hab und ihm das so gut gefiel, dass ich zwischendurch auf die Uhr geguckt hab und dachte – nu reichts aber auch mal. Graf Tralala: »Hör nicht auf« – »Ne t'arrete pas«. Ich hab ja dann auch irgendwann nur noch auf Französisch gestöhnt. »Ah, fester, plus fort« – »Suce-moi« und solche Scherze. Das Übliche halt.

Der Dresscode auf diesen Veranstaltungen: so wenig wie möglich. Dessous, halterlose Strümpfe, High Heels. Und Juwelen. An dem Abend war auch eine Frau im Chanel-Kostüm dabei, das sie nicht auszog. Ich sprach sie an, ob ich helfen könnte. »Ich begleite meinen Mann, denn es macht ihm sehr viel Spaß, grad auch wenn ich zugucke.« So wie andere Frauen dem eigenen Mann am Wochenende beim Fußballspiel zuschauen und ihn anfeuern.

Wie wäre es eigentlich, wenn es alle so locker sehen würden? Würde es nicht eine Menge Stress und Ärger vermeiden, wenn Sex nicht so wahnsinnig mit Regeln behaftet wäre, was verboten und was erlaubt ist? Wenn der Mann zu seiner Frau nach dem Abendbrot sagen würde: »Du ich geh grad noch mal bei der Nachbarin einen wegstecken, mir ist grad so danach.« Und sie würde sagen: »Alles klar, biste zum *Heute Journal* wieder zurück?« Wäre doch echt easy für alle Beteiligten. Keine Heimlichkeit, kein Betrug, keine Eifersucht.

Das jedenfalls war die Stimmung in Paris vor 40 Jahren – manchmal denke ich, wenn es Aids nicht gegeben hätte, vielleicht hätte sich die Gesellschaft auch weiter so frei entwickelt. Aids kam doch gerade den Moralaposteln und Sittenwächtern ganz gelegen. Ich war so auf 40 bis 60 dieser Partys, ganz genau weiß ich es nicht mehr – auch nicht, wer die Gastgeber waren, einer muss ja bezahlt haben, der Champagner floss, bis es hell wurde, in Strömen. Das war weit weg von Swingerclubs in der Eifel – nix Mett-Igel, hier gab es ganze Kaviar-Buffets. Die exklusivsten Caterer der Stadt waren auf jeden Fall eingeweiht in die Spielwiesen der Superreichen.

Haben Reiche mehr Sex? Den besseren Sex? Sagen wir so, es gibt sicher auch verklemmte Reiche und enthemmte Arme. Sicher geht auch im Schrebergarten die Post ab. Aber mit Geld wird der Sex vielleicht doch üppiger ausgelebt und zelebriert. Du hast keine Alltagssorgen, die nehmen dir ja andere ab. Es gibt Angestellte, die die Kinder betreuen, der Butler guckt, dass die Autos immer vollgetankt sind, du musst dich nicht um einen Berg schmutziger Wäsche kümmern. Musst dich nicht fragen, ob das Geld bis zum nächsten Ersten reicht. Wenn der Kopf frei ist, ist es auch untenrum fluffiger – for sure.

Und Reiche haben auf jeden Fall mehr Zeit für Sex. Gelegenheit macht Diebe. Und wenn du viel Zeit hast, dich mit deinem Geld langweilst, dann wird auch der Sex extremer. Mit 100 Millionen auf dem Konto kommste am Strand auf dumme Gedanken. Es ist die schöne Leichtigkeit des Seins.

Meine Erfahrung, was alle Männer vereint, arm oder reich: Die haben alle gern einen guten Blowjob – dafür legen sie sich alle hin. Kannste nix mit falsch machen.

Wenn's am schönsten ist, soll man ja gehen – und so waren Jany und ich also grad auf dem Weg, den Sündenpfuhl auf dem gleichen

Weg zu verlassen, wie wir gekommen waren. Da kommt aus dem Aufzug tatsächlich noch ein neuer Gast und ich sag zu Jany: »Sorry, aber den muss ich jetzt auch noch haben.«

Was in einer normalen Beziehung zu Geschrei und Handgreiflichkeiten geführt hätte, war zwischen Jany und mir null Problemo. Er hat mir den Mann, Typ Winnetou, auch noch gegönnt. So crazy und wild hab ich bis 1984 in Paris bei Jany gelebt.

Eine andere unvergessliche Erinnerung hat nichts mit Sex zu tun. Ich brauchte einen Wintermantel. Jany hatte mir Geld zum Shoppen gegeben. Man kann sich das heute fast nicht mehr vorstellen, aber das war damals längst nicht der Hype um die Labels wie heute – keine Logomania. Und Chanel war da noch ein verstaubter Klassiker, bevor Lagerfeld die Marke mit den Supermodels zu dem machte, was sie bis zu seinem Tod war. Aber zu Chanel ging man damals durchaus, um sich was zu gönnen. Produkte von Chanel waren in Paris Statussymbole – doch doch, doch.

Ich betrete damals also die Boutique in der Rue Cambon, schaue mich um und probiere ein paar Sachen an. Darunter auch ein dunkelblauer Mantel. Lagerfeld ging mit ein paar Mitarbeitern an mir vorbei. Ich denke heute, er hat wohl meinen deutschen Akzent erkannt, denn er lispelte: »Der sssssssteht Ihnen aussssgezzzzeichnet.«

Lagerfeld war damals schlank und grad mal 50. Seine Haare noch nicht weiß, sondern dunkelbraun, aber schon damals zum Zopf gebunden. Er trug eine Sonnenbrille – keinen Fächer. Ansonsten keine dieser klimperigen Accessoires, nicht der hohe Hemdkragen, wie man ihn zuletzt kannte – sein Look, der ihn berühmt machen sollte, der musst erst noch entstehen.

Ich antwortete ihm: »Aber der Mantel ist mir etwas zu teuer.« Die Francs auf dem Preisschild ergaben – damals! – umgerechnet 4000 Mark, ein Vermögen.

Lagerfeld: »Mademoisssssselle, ich verkaufe keinen Mantel, ich verkaufe einen Mythosssss.« Ein gutes Argument – und Claudi ging zur Kasse. Ja so war das.

Ich muss aber gestehen, dass ich das mit Lagerfeld damals, in dem Moment, nicht ganz erfasst habe. Erst später, als er berühmt wurde, erinnerte ich mich an die Situation und finde es bis heute ein irres Erlebnis, dass Kaiser Karl Claudi persönlich das Mäntelchen verkauft hat. Ein Chanel-Mantel für 4000 Mark, das wäre heute ein Mantel für 12 000 Euro, den mir Jany spendiert hatte – wie so viele andere Dinge in dieser Zeit.

Meine Co-Autorin, mit der ich dieses Buch schreibe, hat mich im Rahmen der Recherche gefragt, ob ich in Paris eventuell, ein klitzekleines bisschen eine Prostituierte war, anschaffen war, mich als Nutte verdingte. Das kann ich klar verneinen. Ich hatte kein Preisschild um den Hals, ich habe kein Geld für den Sex verlangt. Ich war, wenn man so will, eine Lustnutte – so würde ich es nennen. Ich hab das alles gewollt und genossen und gelebt. Und Teil des Lifestyles, des Lebens im Überfluss war, dass du als Frau einfach bestens versorgt warst. Ich sah schnuckelig aus, die Typen standen auf mich, es war ein geiles Leben. Ich hab nur mit denen geschlafen, auf die ich auch Lust hatte. Den Luxus haste als Nutte nicht. Da hängst du rum und wartest bis einer kommt und dann einem Preis zustimmt und dann musste mit dem in die Kiste, egal was für ein unrasierter Fraggle das ist.

Dass mein Pariser Leben nicht jedermanns Ding ist, ist klar, aber es war mein Ding. Die Verantwortungsvollen unter euch, die sich immer gern Sorgen um die anderen machen, fragen sich sicher längst: »Ja und was haben die Eltern von Claudi dazu gesagt, wie fanden die das?« Die fanden gar nix, weil sie schlicht nichts wussten. In einer meiner berühmten Märchenstunden hatte ich ihnen erzählt, ich würde als Au-pair-Mädchen in Paris arbeiten. Von wegen Kultur und Sprache, das müsste ich doch jetzt mit 20 machen, das macht man doch sonst nie mehr im Leben. Ja ... Gruß in die Heimat – auch so eine Schote, die die Verwandten erstmalig hier in diesem Buch lesen werden. Die werden begeistert sein.

Aber heute denke ich, das war mein Weg, mein Leben – eine Situation führte zur Nächsten. Wie Steve Jobs mal gesagt hat: »Manche Dinge ergeben erst einen Sinn, wenn man rückwärtsschaut.« Ich hatte mich ausgetobt. Vorerst. Lustnutte war eine lustige Episode – aber kein Lebensplan. So amüsant das da in Paris war, aber irgendwie musste es für mich weitergehen. Schluss mit dem Lotterleben.

Was blieb: Mich faszinierten die reichen Männer dieser Szene, nicht nur wegen ihres Geldes – sondern ich wollte verstehen, wie sie ticken, wie sie ihre Kohle machen. Wie geht reich, wie geht Zaster? Wie werde ich selbst reich? Und je öfter ich mir diese Fragen stellte, umso klarer war: Es ist wieder mal an der Zeit, die Plünnen zu packen. Es hieß mal wieder: Abmarsch und weiter geht die Reise.

Kapitel 9
Der Dicke

»Sag mal Chiiiiiiieeenaaaaa!« – Klick.

Da stand ich in meinem Chanel-Mantel aus Paris auf dem Tian'anmen-Platz mitten in Peking. Ich posierte vor dem Tor des Himmlischen Friedens, vor dem berühmten Mao-Porträt. Claudi mit ihrem Mantel, einem Symbol des westlichen Kapitalismus bei den Kommunisten. Hatte was. Das Foto hat »der Dicke« gemacht.

»Der Dicke« war seit einem halben Jahr mein fester Freund. Dr. rer. pol. und Dr. jur. Ein Vollblutunternehmer, der auf der ganzen Welt Geschäfte machte – aller Art. Hauptsächlich kaufte er Firmen auf, machte sie fit und verkaufte sie weiter.

»Sag mal Hi zu Mao« – Klick. »Sag mal Frühlingsrolle« – Klick. Claudi mit einem kleinen Chinesen, Claudi vorm Hotel, Claudi im Land des Lächelns. Wir waren First Class mit Lufthansa angereist und das war 1985 wirklich was Besonderes. Auf anderen Fotos stehen wir zusammen in New York, Hin- und Rückflug mit der legendären Concorde.

Mit dem Dicken um die Welt: Nach Rio zum Karneval, nach Peru zum Meerschweinchenessen, nach Phuket für eine Wellnesswoche. Moskau, London, Warschau, Los Angeles, Prag, Madrid, Seattle – wir waren überall. Eigentlich war der Dicke mein Chef, zwei Meter groß und 140 Kilo schwer. Daher der Spitzname, ihr merkt, ich konnte ihn schlecht den »Dünnen« nennen.

Ich hatte Paris Richtung Hamburg verlassen und Jany nicht mal so richtig *au revoir* und *merci* gesagt. Eines Morgens, als er die Wohnung verließ, um in seine Praxis zu fahren, packte ich meine Sachen, legte den Schlüssel auf den Tisch, bestellte mir ein Taxi und flog von Paris nach Hamburg. Der Abschied fiel nicht schwer – ich war einfach durch mit Jany und seinen versauten Freunden. So, wie ich ohne Ankündigung nach Paris kam, so ging ich auch ohne Trara. Wir erinnern uns – es war die Zeit vor den Mobiltelefonen. 1984 bin ich von Paris weg. Da konnte kein Jany oder sonst wer hinterherklingeln und fragen »Wo bist du, wann kommst du zurück?«. Keine elektronische Hundeleine. Wenn du damals abtauchen wolltest, dann warst du weg. Heute würden sie dich über Handy, Facebook, Insta und WhatsApp stalken.

In Hamburg lebte eine alte Freundin von mir, Julia, die mit mir auf der Sprachenschule in Freiburg war. Sie arbeitete als Privatsekretärin. Über eine Agentur für Elite Personal hatte sie schon den zweiten super Job bekommen, jeweils bei sehr wohlhabenden Hamburgern. Bei ihr schlüpfte ich zunächst unter und gemeinsam überlegten wir, was für Claudi jetzt das Beste wäre. Studieren kam nicht infrage, noch mal ne Ausbildung auch nicht. Und vor allem bloß nicht zurück zu meinen Eltern. Irgendwie war schnell klar, dass wir ihren Kontakt in der Agentur anrufen würden, um zu fragen, ob aktuell Privatsekretärinnen gesucht würden.

Der Inhaber schlug vor: »Privatsekretärin bei zwei weiblichen vermögenden Frauen jeweils in der Schweiz und in Österreich wären die Optionen – und ich habe eine Vakanz bei einem Geschäftsmann in der Schweiz.« – »Ich nehm den Mann, nicht die Frauen.« Die Jobbeschreibung von damals würde heute natürlich keiner mehr bringen: Gutaussehend sollte die Bewerberin sein, konservativer Kleidungsstil, perfektes Englisch und Französisch in Wort und

Schrift, Steno, Schreibmaschine, reisefreudig. Eine Allrounderin, die zwischendurch auch mal was kochen kann und einen Ferrari umparken.

»Der Herr weilt am Wochenende zufällig bei Freunden in Hamburg, ein persönliches Treffen mit Ihnen wäre ihm sehr angenehm, würde es Ihnen passen, Frau Obert?« – »Ja – und was zahlt er?« – »5000 Mark, 14 Gehälter. Sie bekommen eine eigene Wohnung im Haus, ein Fahrzeug, alles Weitere besprechen Sie mit dem Herrn Doktor bitte persönlich.«

Ich also an einem Samstagnachmittag im blauen Kostümchen auf dem Weg in eine weiße Villa an der Alster, als könnte ich kein Wässerchen trüben. Pumps, Bluse, schöne Handtasche. Ich sah aus wie Lady Di in brünett. Sehr elitär, das kann ich – wenn ich will – oder wenn es nötig ist. Und da saß er, »der Dicke«, im Wohnzimmer seiner guten Freundin, die er an diesem Wochenende besuchte. Er stand auf, begrüßte mich, stellte mir die Hausherrin vor.

»Was sind Sie im Sternzeichen?« – »Ich heiße Claudia Elisabeth und bin Waage.« Später hat »der Dicke« mir erzählt, dass sie ihm da schon zugeflüstert hat, dass es passt: »Psst, die kannste nehmen.« Er beschrieb, worum es ihm hauptsächlich ging: »Ich brauche eine Privatsekretärin 24/7, Freizeit, freie Tage, freie Stunden, das stimmen wir jede Woche individuell ab, so, wie es meine Pläne dann ermöglichen, sind Sie so flexibel? Sie sollten alles Unangenehme von mir fernhalten. Es wäre mir recht, wenn sie vorausschauend arbeiten, alles im Blick haben. Können Sie kochen? Können Sie Hemden, Socken, Krawatten kaufen, wenn nötig? Haben Sie Ahnung von Autos? Können Sie Ski fahren, tauchen? Sind Sie ungebunden? Können, wollen Sie auf Reisen gehen?«

Alles klar – er suchte eine Eier legende Wollmilchsau und sie saß vor ihm. Ich hatte meinen Frei- und Fahrtenschwimmer, einen

Führerschein, gültigen Reisepass und dank Oma Rosa sogar schon mal einem lebendigen Huhn den Kopf abgeschlagen. Mit nem Tiger Gassi gehen, mit ner Echse zum Tierarzt – für mich alles kein Problem. Himbeeren zu Weihnachten? Und Spargel zu Silvester? Ich war schon damals in der Lage bei den Bongos im Kongo Eiswürfel zu kaufen, nur um sie dann den Eskimos in Grönland weiterzuverticken. Für Reisen südlich des Äquators hätte ich auch irgendwo einen Tropenhelm. Sonst noch was? Tschakka.

»Ja sehr gern, das passt alles für mich, wann soll denn das Einstellungsdatum sein?« Im Prinzip sofort. Für mich ging es also asap nach Lugano und auch meine Freundin Julia nahm eine neue Stelle im Ausland an. Nachdem wir alles rausgeräumt hatten, hat sie die Wohnung übrigens an Bonnie Tyler untervermietet. DIE Bonnie Tyler. Die mit der Sonnenfinsternis im Herzen. »Hello, Bonnie – do you remember? The Hamburger Wohnung with the Claudi and the other girl? Yes, long time no see.«

In Lugano erklärte mir mein neuer Boss bei einem Abendessen erst mal, was Phase ist – und ich merkte auch gleich: Der hat Licht am Fahrrad. Das beeindruckte mich. Firmen billig kaufen, wenn sie am Boden liegen, dann wieder aufbauen und teuer abstoßen.

»Ich hab grad ne Firma in Norwegen für 350 Millionen verkauft, darauf sollten wir trinken.« Bedeutete, bei seinen Deals blieben in der Größenordnung immer ein paar Milliönchen für ihn hängen. »Prösterchen.« Rund 500 Millionen war der schwer.

Ich hab gleich am ersten Abend ganz genau zugehört, während er von Bilanzen, Aktien, Kursen und den anstehenden Terminen sprach. Alles aufsaugen war mein Motto – jetzt aber mal mehr geistig obenrum als körperlich untenrum. Der dicke Doktor Schweinchenschlau hatte nicht nur den Wohnsitz in Lugano, sondern auch ein Traumanwesen zwischen Cannes und Nizza. Mit jedem Tag mehr Einblick in seine Finanzen und sein Leben wurde er für mich immer interessanter.

Eigentlich war er überhaupt nicht mein Typ, sagen wir so – er war recht unattraktiv, aber man kann sich einen Mann nicht nur schöntrinken, sondern ich stellte fest, man kann ihn sich auch schönrechnen. Geld macht sexy, hat man schon mal irgendwo gehört – oder?

Einmal kam ein ganzer Hänger voll mit Luxusschlitten in Lugano an und ich musste organisieren, dass die Schätze fein säuberlich in der Garage abgestellt wurden. Rund 40 Traumkarren im Wert von zig Millionen standen da. Dann wieder hatte ich in Südfrankreich im Haus alle Hände voll zu tun, weil Kunstgegenstände geliefert wurden, die er auf einer Auktion erstanden hatte. Ansonsten das übliche Sekretärinnen-Gedöns: Termine machen, Reisen organisieren, Briefe nach Diktat schreiben. Ich hatte in beiden Häusern meine eigene Wohnung – und so knappe zwei Wochen lang war ich nur die Angestellte, die sich in ihre eigenen Räume zurückzog.

Bis »der Dicke« eines Abends hungrig war, aber keine Lust hatte, ins Restaurant zu fahren. Noch mal Leute – es war 1985 – nix »kann der Asiate mal schnell kommen?«. Also musste Claudi ran an die Pfannen. Rumpsteak mit Bratkartoffeln und Salat war mein Essen, mit dem ich jeden Mann seligkochen konnte. Und auch der Doktor wurde nach dem deftigen Snack zutraulich. Zum Nachtisch stand Schampus auf dem Speiseplan. Ein Fläschchen hatte ich wohl intus. Als ich morgens wach wurde, hab ich ne Krawatte vor dem Bett gefunden, da dämmerte mir, was passiert war. Ich hab es als Beförderung angesehen. Von da an lag ich bei meinem Chef im Bett.

Die 5000 Mark Gehalt konnte ich sparen, denn alles andere war frei Haus. Und überhaupt sah der Job plötzlich ganz anders aus. Entspannter irgendwie. Ich konnte morgens ausschlafen und dann mit dem Boss Wasserski fahren gehen. Die Arbeit haben am Ende dann andere Angestellte gemacht. Daher übrigens kommt mein Spruch: »Arbeit ist ein Geschenk, das man am besten anderen macht!«

Es wurde der angenehmste Job der Welt für mich und ich war höchstens noch Reisebegleiterin, Gesellschafterin, letztlich Partnerin auf Augenhöhe. Und ich konnte mich auf meine eigentliche Mission konzentrieren – ihm so viel wie möglich über die Schulter gucken, war in vielen Meetings dabei. Lernte, wie man langjährige Geschäftsbeziehungen aufbaut, wie man verhandelt, wie Win-win-Situationen entstehen. Meine Frage war ja, wie wird man reich?

»Billig einkaufen, teuer verkaufen.« Das war so ein Rat vom Dicken. Ein echtes Geheimnis gibt es ja nicht. Am Anfang arbeiten alle wie die Bekloppten, dann muss man die Weichen stellen, Geld sparen, schlau investieren, mehr Geld rausholen, wieder ein Risiko eingehen – wieder Geld in ein Projekt stecken. Öfter gewinnen als verlieren. Monopoly für Erwachsene halt. Sie bleiben vor allem dran – ich lernte ja weltweit viele seiner vermögenden Geschäftspartner kennen – da hatte keiner im Lotto gewonnen. Es ging immer um die richtige Geschäftsidee und um das Glück, zur rechten Zeit am rechten Ort zu sein. Die Antworten auf die Frage »Wie wird man reich?«, das sind Binsenwahrheiten.

Und ich erlebte in dieser Männerwelt Mitte der 80er, dass grundsätzlich jedem reichen Mann eine Frau den Rücken freihielt. Nichts anderes machte ich beim Dicken ja auch. Berufsrisiko: Dass man früher oder später wie ein altes Möbelstück ausgetauscht wird. Mir war klar, ich musste mir irgendwann mein eigenes Ding ausdenken, mein eigenes Geld scheffeln, da musste ich hin – Rückenfreihalterin war keine Lebensaufgabe für mich. Den Dicken hat sogar meine Familie kennengelernt – so richtig mit Weihnachten unterm Baum. Wir hatten uns insgesamt dreimal verlobt, einmal beim Karneval in

Rio, aber auch dreimal entlobt. Sogar Oma Rosa nach Südfrankreich mitgenommen. Die Fotos, wo sie wie eine echte Babuschka mit meinem Hermès-Tuch auf dem Boot vor St. Tropez mit uns rumschippert, sind meine Lieblingserinnerungen an diese Zeit. Denn Oma Rosa ist ihr ganzes Leben nie irgendwo hingereist. Nur als ich mit 14 mal drei Tage ausgerissen war und schon von Interpol gesucht wurde, pilgerte sie verzweifelt an den über 1000 Kilometer entfernten Wallfahrtsort Lourdes. Und dann meine Oma Rosa bei den Schönen und Reichen, Jetset, Yachten – das kannte sie bis dahin ja nur aus ihren »Heftchen«. Ja – mit dem Dicken das war auch Family.

»Ich muss nach Salzburg, da geht es um den Fall Morchelhuber & Co. KG, packst du die Unterlagen zusammen? Von da machen wir einen Abstecher nach Venedig, was meinst du Claudi Schatz, buch uns doch die Suite im Danieli und einen Tisch in Harry's Bar.« Geschäft mischte sich immer mit privat. Mal eben in Salzburg die Besprechungen durchziehen, dann für 10 000 Mark shoppen, einen tollen Ring bei einem Juwelier in Venedig aussuchen.

Paris stand auch öfter auf dem Reiseplan. Und da gibt's ne Anekdote mit Oskar. Oskar Lafontaine. Damals Ministerpräsident des Saarlandes. Man eröffnete in der Stadt an der Seine irgendein Haus der Saar in Sachen deutsch-französischer Freundschaft. Und Oskar war dann so was wie der Schirmherr. Lafontaine hielt also seine Rede, sprach auf Deutsch und eine junge Dolmetscherin übersetzte für die Anwesenden auf Französisch. Ich bemerkte, dass ihr an einer Stelle ein krasser Schnitzer unterlief, denn ich konnte ja sehr gut Französisch. Lafontaine wohl auch, denn er wandte sich an die Dolmetscherin: »Ich hab nicht das gesagt, sondern das und das.« Die jedenfalls fing an zu stottern und war total verunsichert.

Und Claudi brüllte dann vor versammelter Mannschaft: »Herr Lafontaine, wenn Sie so gut französisch können, warum halten Sie ihre Rede dann nicht einfach auf Französisch?« Alle drehten sich nach mir um. War natürlich ein kleiner Claudi-Eklat *at it's best.* Na ja.

Mit dem Dicken hab ich dann noch zwei tolle Tage in Paris erlebt, mit dem üblichen Luxus, der sich irgendwann auch nur noch wiederholt. Irgendwann kennste die Verkäufer in den Boutiquen schon beim Vornamen und die deinen Geburtstag. Der Dicke war echt großzügig. Aber mehr und mehr nervte es mich, dass es nicht mein eigenes Geld war, um das es ging. Ja – und wie das halt so ist – du schlitterst in die Abhängigkeit. Er machte die Pläne, ich sagte zu allem ja. Und mehr und mehr empfand ich es als unangenehmen Nebeneffekt, dass ein Mann mit der Statur eines ausgewachsenen Walrosses auf mir rumrödelte. Am Anfang war da noch der Kick, dass dich ein mächtiger, wohlhabender Mann will, aber irgendwann siehst du nur noch seine Bauchfalte, die er beim Sex hochklappen muss, damit es flutscht. Du siehst seine Nasenhaare und was ihm alles aus dem Ohr wächst, je nach Stellung.

Ich hab mich auch mal kurz von ihm getrennt, weil tierisch Stunk war. Oh da kamen sie aber gleich in Scharen, die Blashühner aus aller Welt. So sehr sich Frauen darüber empören können, dass eine der ihren mit einem Mann ins Bett geht, »nur weil er Geld hat«, so schnell sind sie am Start, wenn ein älterer, dicklicher, weißhäutiger Multimillionär auf dem Markt ist. Dann aber ran an die inneren Werte. Bleib mir bloß vom Fell mit guten Ratschlägen von »guten Freundinnen«.

Zwei Wochen war ich vom Dicken getrennt und in meinem Bekanntenkreis machte die Nachricht die Runde. Prompt rief eine – ja »Freundin« bei ihm an und sülzte ihn voll, wie traurig es sei, dass ich so schlecht über ihn rede. Traf sich mit ihm und gab alles.

»Deine Bekannte ist ja ne schöne Nutte«, meinte der Dicke, als wir nach unserer kleinen Pause wieder zusammenkamen. Die Gute muss bei ihm in einer Weise performt haben, so dirty, so was kostet in der Hamburger Herbertstraße bei den Profifrauen 5000 die Stunde.

Nach dem Knall war es nicht mehr wie vorher, unsere Beziehung hatte einen Knacks. Immer öfter kamen Sprüche wie »Das Geld, was du bei mir bekommst, das gibt sonst keiner für dich aus. Alle Frauen sind käuflich«. Es ging nur noch ums Geld. Und ja, es stimmt: Alle sind käuflich. Außer vielleicht Mutter Theresa – und die lebt auch nicht mehr. Der Dicke nervte immer mehr. Ich wollte endgültig gehen und er wollte mich heiraten. »Verlass mich nicht. Ich überweise dir eine Million auf dein Konto.« Dafür sollte ich auf alles andere im Falle einer Scheidung in einem Ehevertrag verzichten, ein Kuhhandel, für ihn ein guter Deal, aber war das Liebe?

Sein Geschwätz nervte, der Sex umso mehr. Seine Lieblingsstellung war die an seinem Schreibtisch. Ich lag da käfertechnisch drauf, er stand vor mir und während er dann ganz gemütlich vor sich hin vögelte, blickte er aufs Mittelmeer. Mir drückte mal ein Kuli, mal ein Locher oder ein Brieföffner in den Rücken – aber der Dicke hatte es nett. Es war ein Symbolbild. Höchste Zeit, den Spieß umzudrehen. ICH wollte beim Ficken aufs Mittelmeer gucken.

Den nächsten Streit hab ich dann inszeniert, hab ein Riesenfass aufgemacht, dass ich auch echt abdampfen konnte. »Schick mir alles nach Hamburg, Adresse kommt.« Ciao, Dickerchen.

Meine alte Freundin aus der Sprachenschule in Freiburg war auch wieder dort aufgeschlagen und 1987 war es kein Problem, in Hamburg mal eben eine Wohnung zu bekommen – dementsprechend schnell kamen die Kisten aus Lugano und Südfrankreich bei mir an. Berge von Designertaschen, Designerklamotten, Accessoires aller

Art. Angesammelt noch aus der Zeit in Paris und mit dem Dicken. Den ganzen Kram hab ich auf drei Secondhandläden verteilt und richtig Kasse gemacht. Ich hab Zeug für 150 000 Mark verkauft. So. Bums.

Da saß ich also mit 26 da, mit ner Menge Startkapital und ner Menge Erfahrung – aber eine Geschäftsidee hatte ich nicht. Noch nicht. Dafür hatten die Blashühner ein neues Ziel und machten Jagd auf den Dicken. Ich sag es ungern, es zieht sich langsam wie ein roter Faden durch das Buch, denn der Dicke ist auch schon tot. Starb vor Kurzem an einem Herzinfarkt. Todesursache: Auf jeden Fall nicht meine Memoiren.

Kapitel 10
Mein Weg zur ersten Million

Claudi also mit Sack und Pack vom Mittelmeer an die Elbe. In Hamburg hab ich dann erst mal wieder als Sekretärin vor mich hin gejobbt. In einer großen Hamburger Werbeagentur, die vor allem für Katzen- und Hundefutter Werbung machte.

In der Nähe der Alster hatte ich eine neue Wohnung gefunden und an einem Tag eine komplette Einrichtung für 80 000 Mark gekauft. Denn an Luxus hatte ich mich gewöhnt. Ans Geld ausgeben auch. Ich hatte schließlich einiges über die Jahre an Bares eingesackt. Tagsüber Dienst in der Agentur und dann das Nachtleben Hamburgs in den 80ern genießen, wo du auf der Reeperbahn im »Albers Eck« neben dem Bürgermeister und der berühmtesten Hure Deutschlands, Domenica, an einem Abend stehen konntest. Hamburger Vorstände, Studenten, Sekretärinnen wie ich, mal guckte Udo Lindenberg nach dem Rechten, mal wollte ein Obdachloser ein Bier und eine Society Lady gab einen aus. War ein irrer Mix damals. Das war 1987/88.

Rund 5000 Mark hab ich im Monat verdient, und dafür musste ich richtig ackern – kein echter Deal für mich, aber hauptsächlich ging es mir erst mal nur darum, mal wieder bisschen weiße Rauchzeichen in die Heimat zu senden: »Claudi geht einer geregelten Arbeit nach. Sie sammelt sich.« Denn, dass ich den Dicken verlassen hatte, verstand daheim niemand. Auch nicht warum. Zu sehr war die Denke: Sicherheit. Mama Rita und Oma Rosa meinten: »Wenn du mit einem reichen Mann lebst, mit dem du dich an Silvester verlobt hast, dann musst du den Sack auch zumachen.« Aber was wussten die schon vom Sack.

Es gibt aus dieser Zeit keine großen Highlights zu berichten. Keine großen Ups, keine großen Downs. Ich hatte mich einfach mal selbst geparkt und wartete darauf, dass was passiert. Ich wollte selbst, aus eigener Kraft Millionärin werden und wusste einfach nicht WIE?

Bis zu jenem Tag. Und jetzt kommt's: Es war einmal eine ziemlich orientierungslose Sekretärin, die müde nach der Arbeit nach Hause schlenderte. (Sie ging ein bisschen krumm, weil sie als Teenager kiloweise Bücher … ihr wisst, Kapitel 5). Sie war hungrig, als sie an einem Aldi vorbeikam. Nicht gerade ihr Stammladen. Aus Bequemlichkeit betrat sie den Discounter, kaufte sich Knäckebrot, Himbeerjoghurt und Champagner. Denn die Blubberbrause war längst eines ihrer Grundnahrungsmittel geworden. Als sie zu Hause ankam, stieß sie mit sich selbst an, schleckerte den Joghurt, biss ins Knäckebrot und erlebte einen Schlüsselmoment. »Lecker«, dachte sich die von Hummer und Kaviar verwöhnte Luxus-Claudi. Sodann inspizierte sie die Billigprodukte, für die sie zusammen nicht mal fünf Mark bezahlt hatte. Im Kopf ging eine Glühbirne an – strahlte hell. Billig und gut. Gut und günstig. Sie erlebte das, was fast jeder Mensch nachvollziehen kann: Du kaufst etwas für wenig Geld – bekommst aber maximale Befriedigung.

Und Claudia erinnerte sich: Vor Jahren war sie mit dem Dicken in einem Outlet bei New York. Da gab's schon Mitte der 80er Designermarken zu Schnäppchenpreisen, bevor der Trend auch nach Europa und Deutschland schwappte. Noch bevor der letzte Löffel Himbeerjoghurt gelöffelt, der letzte Schluck Aldi-Champagner geschlabbert war, fasste sie einen Entschluss: »Ich mach Luxusmode auf billig für die Tussis.« Klingt wie ein Märchen. Ist mein Märchen.

Alle Frauen lieben Luxus, nicht jede kann sich Luxus leisten. Ich hab's als Anti-Prostitutionsprogramm für mich gesehen. Endlich meine eigene Geschäftsidee, endlich unabhängig von wohlhabenden Typen. Aber auch als Anti-Prostitutionsprogramm für die potenziellen Kundinnen, damit sie sich ihre Tasche selbst kaufen könnten, statt Papa erst mal die Nudel zu zutzeln, damit er gnädig ein paar Schuhe oder ne Handtasche spendiert.

Ich wusste sofort: Die Idee ist genial. Vieles von dem, was ich irgendwann mal irgendwo in den letzten Jahren aufgeschnappt hatte – an dem Abend, in dem Moment kam alles zusammen. »Ich mache einen Mode-Aldi.« Keinen Luxusladen mit teurer Einrichtung in bester Lage, denn das müssten ja am Ende alles die Kunden bezahlen. Sondern: alle unnötigen Kosten vermeiden = viel Mode für wenig Geld.

Ich hab dann neben meinem Sekretärinnen-Job recherchiert: Wo gibt's Schuhe? Wo gibt's Kaschmirpullover? In Italien! High Heels bei einem Fabrikanten in Venedig, Ballerinas in der Toskana, Pullover in Mailand. Meine Recherche war ein Mix aus doofen Fragen stellen in einschlägigen Hamburger Luxusboutiquen: »Wo habt ihr das denn her?« und die Frau bei der Auslandsauskunft so lange quälen, bis Amnesty International sich einschaltete. Google wurde ja erst rund zehn Jahre später erfunden – was hätte ich Google gebrauchen können. So radebrechte ich mit Italien, null Ahnung von nix und redete was von *tutti bene*, *scarpe*, *pelle* und *lana*, während irgendein Angelo in Florenz mit mir wie der Mann in der Kaffee-Werbung redete: »Isch abe gar keine Schuhe Signora.«

Also meine Idee: ab nach Bella Italia, persönlich vorsprechen, der Rest wird sich schon vor Ort regeln. Ich wollte eine überschaubare

Menge an Ware einkaufen und dann erst mal meine Wohnung zur Boutique umfunktionieren – mal das Ganze ohne zu großes Risiko testen. Ticket Alitalia, Hamburg-Fuhlsbüttel mit Ziel Mailand-Malpensa.

Ich ging die Gangway zum Flugzeug hoch und trug ein Sommerkleid, das vorn durchgehend mit Druckknöpfen geschlossen wurde. In beiden Händen eine Tasche. Am Ende der Gangway lacht mich dieser Knaller-Typ an. Weiße Strahlezähne vom linken bis zum rechten Ohr. Vor lauter Freude müssen mir zwei Druckknöpfe aufgesprungen sein.

»Hello«, sagt er und blickt dabei auf meine offenen Knöpfe. Er – seines Zeichens Co-Pilot und hat ja gelernt, den Passagieren gegenüber hilfsbereit zu sein – macht mir einfach die beiden Knöpfe zu. »Schade, dass man so etwas Schönes verstecken muss.« Ich fand's ne super Anmache, nicht alles ist #metoo. Wobei, das gab's damals ja gar nicht. Ein Flirt war ein Flirt und wenn's kein Flirt war, dann gab's was an die Backen. Die Grenzen setzt du als Frau, damals wie heute. Aber auf diesem Flug fielen die Grenzen zwischen Deutschland und Italien. Völkerverständigung war angesagt. »Wir sehen uns bei der Landung.« Die Sache war klar. Immediatamente.

Ich hab mich dann auf meinen Platz in der Economy gesetzt, als Jungunternehmerin dachte ich: »In Business geht's auch nicht schneller.« Da war ich nun auf meiner ersten Einkaufstour unterwegs – aber die Fabriken mussten warten. Denn der Co-Pilot kam noch mal zu mir an meinen Platz und hatte eine klare Ansage: »Ich warte nach der Gepäckausgabe am Ausgang auf dich.« Zwinker.

Der Herr Co-Pilot hieß Giorgio und erwies sich als zuverlässig. Wir sprachen Englisch. »Let's take a taxi.« Zeit, sich auf der kurzen Fahrt rasch kennenzulernen. Er war 35, mein Name: Claudia. Und beide spitz wie dieser berühmte Lumpi. Check-in an der Rezeption, zum Aufzug – alles nur Auge – nix anfassen. Ich sag: »I like uniform.« Und er: »I will catwalk for you all night in my uniform.« Aber dann, in der Sekunde, in der der Schlüssel im Schloss einmal rum war und die Tür sich öffnete, ging's los. Anschnallen und die Tischchen hochklappen. Aber Hallo. Als hätte der italienische Tourismusverband den Jungen auf Italian Lover gebrieft und darauf, wie man so eine junge Geschäftsfrau auf ihrer ersten Reise nach Italien auf das Herzlichste begrüßt. Er hat mir gezeigt, was eine bissfeste Nudel ist. Ein hervorragender Botschafter seines Landes. Er nahm mich sozusagen *al forno* und *quattro stagioni.* Alles prima *al dente.* Einmal die Karte rauf und runter. Plötzlich ging sein Telefon – alles mit viel »Si si, rapido« und was der Italiener sonst noch sagt, wenn's brennt. Er musste jedenfalls los auf einen Flieger und versprach, sich zu melden, ich gab ihm den Namen meines Hotels in Mailand, wo ich ja eine Reservierung hatte. Ich lag bäuchlings auf dem Bett und wollte durchschnaufen, entspannen, noch ne Runde schlummern. Bis ich irgendwann das gute Gefühl hatte, dass mich jemand von hinten bearbeitet. »Giorgio«, murmle ich, »hmmmmm.« Und eine mir fremde Stimme sagt: »I am not Giorgio.« Ich dreh mich um, da lacht mich der Pilot des Alitalia-Fliegers an, mit dem ich hergeflogen war – der Chef von Giorgio sozusagen, auch ganz schick, nackt, nur noch mit der Pilotenmütze auf dem Kopf. »Giorgio hat mir die Zimmerkarte gegeben und ich soll dir sagen, dass Giorgio nicht mehr wiederkommt. Planänderung.« Ich sagte: »Mach weiter, ich folge selbstverständlich allen Anweisungen des Kapitäns.« Die Chefbehandlung nahm ich noch mit, bis mir der Gedanke kam, vielleicht sollte ich langsam mal gehen, bevor noch mehr Alitalia-Kollegen vorbeischauen. Dann bin ich ins Taxi und in die City nach Mailand. Ich war im Principe di Savoia, wo ich bis heute absteige.

Am nächsten Morgen bin ich dann auf die Messe und dachte nur: »Ich reiße mich zusammen, jetzt nur noch ans Business denken!« Giorgio hatte mir ja noch auf den Weg mitgegeben, dass ich mit meinem Namen CLAUDIA in Italien nur Erfolg haben würde – von wegen Claudia Cardinale, Claudia Nationale. War auch so. Ohne jede Erfahrung lief das alles total easy ab. Und ohne weitere Zwischenfälle mit sexy Italienern kaufte ich 2000 Paar Schuhe ein. Bei der Auswahl bin ich dem Rat eines Hamburger Geschäftsmannes gefolgt, mit dem ich noch vor der Abreise gebumst hatte: »Guck nicht danach, was die Konkurrenz im Fenster hat und was die Modezeitschriften zeigen, guck den Leuten auf die Füße, da sind die Trends!«

Ein weiser Rat, den ich bis heute befolge. Denn was nützen die abgefahrensten In-/Out-Listen, am Ende muss es den Kunden gefallen, sie müssen es kaufen – und am Ende müssen sie die Schuhe tragen, die Sachen anziehen und sich wohlfühlen.

»Ding Dong.« Der Kurier mit der Ware stand in Hamburg vor der Tür. 2000 Paar Schuhe in 2000 Kartons. Das war dann doch mehr, als ich dachte. Die ganze Bude war voll, in der Dusche stand die Größe 39. Ich konnte mich kaum noch drehen. Leider habe ich kein Foto für euch. Ich lud dann zweimal pro Woche zur Schuhparty – mit Champagner selbstverständlich. Der war auch noch drin, obwohl meine Treter schon 30 Prozent billiger waren als anderswo, weil ich eben keine Kosten an der Backe hatte. Nix teure Ladeneinrichtung, nix Werbung, nix teure Tüten.

Anschließend hab ich erst mal alle mobilisiert, die ich kannte: »Bei mir gibt's die feinsten Schuhe zum Schnäppchenpreis.« Dann hab ich mir in der Werbeagentur von einem Grafiker Flyer basteln lassen, dafür hab ich ihm unterm Schreibtisch einen geblasen – und die Dinger mal 1000 durch den Fotokopierer rattern lassen. Und dann hab ich die selbst verteilt, auf dem schicken neuen Wall, direkt vor den Nobelläden, oder auf dem Ise-Markt, wo reiche Hamburgerinnen überteuerte Flugmangos in ihre Designerkörbchen legten.

Dafür bin ich morgens um sechs Uhr los und hab immer genau 100 Einladungen verteilt, ganz selektiv. Immer an die Frauen mit den besten blonden Strähnchen, dem besten Schmuck, den besten Schuhen, denn die wollte ich gewinnen. So.

Dann ging die erste Schuhparty los und es kamen über fünf Stunden verteilt: sechs Kundinnen. Zuerst dachte ich, wo sind die anderen 94? Aber ich blieb dran, die ersten sechs hab ich maximal bespaßt, die gingen beglückt und mit 1,6 Promille nach Hause und erzählten es ihren Freundinnen. Könnt ihr euch ja vorstellen. Das Ganze hatte Eventcharakter. Galt als Geheimtipp und irgendwann potenzierte sich das alles.

Kennt ihr die Geschichte mit den Reiskörnern auf dem Schachbrett? Der Kaiser Sheram in Indien wollte einen Untertanen belohnen, er sollte sich etwas wünschen. Und so sagte der: »Gebieter, gib mir für das erste Feld des Schachbrettes ein Reiskorn. Zwei für das zweite Feld. Vier für das dritte und für jedes weitere Feld immer doppelt so viele Körner wie für das vorhergehende. 64 Felder hat ein Schachbrett. Lest die Geschichte mal nach – denn während noch auf dem zehnten Feld rund 1000 Reiskörner liegen, befinden sich auf dem 64. Feld schließlich über neun Trillionen Reiskörner, auf dem ganzen Brett über 18 Trillionen. Ich erzähle das, weil es damals auch bei mir so war. Man muss Geduld haben, dranbleiben – Mund-zu-Mund-Propaganda ist die beste Werbung.

Die kleine Claudi, die schon mit drei Jahren im »Ochsen« in Kleinkleckersdorf labern und bedienen konnte, die wusste inzwischen, was internationaler Small Talk und ne gute Party ist – und nebenbei wurden mir die 2000 Paar Schuhe aus der Hand gerissen.

Aber, es kann der Frömmste nicht in Frieden leben, wenn es der böse Nachbar nicht will. Prompt hat mich ein Nachbar angezeigt. Von wegen: »Da kommen so viele Leute und die gehen dann mit Kartons raus, da müssen sie mal gucken.« Polizei kam, Gewerbeamt fragte nach, ob ich auch alles korrekt angemeldet hatte. Mehr Bürokratie, mehr Bürokram, dann musste ich los, neue Ware besorgen, während gleichzeitig Kunden kommen wollten ... Es war die wilde Anfangszeit, wo mir manches über den Kopf wuchs. Personal konnte ich mir noch nicht leisten – aber eine Nachbarin bot Hilfe an, ich könne ihr die Schlüssel geben, falls ich mal verhindert sei, was anderes machen müsste, sie würde einspringen. So ist es eigentlich bis heute: Der eine scheißt dir in die Socken, der andere holt dich aus selbigen wieder raus. Und je mehr das Business wuchs, umso mehr musste ich expandieren. Noch traute ich mich nicht, ein großes Ladenlokal zu mieten, denn wer weiß, wie lange mein Erfolg andauern würde? War Claudi vielleicht doch nur eine Eintagsfliege?

Das Improvisieren ging weiter: Zum Beispiel mein Gynäkologe Professor Volkmann, der war auch in mich verliebt. Immer mittwochs hatte der ab eins zu. Und dann hab ich da schön einen – heute würde man sagen – einen Pop-up-store aufgemacht. Oder bei einer Freundin an der Elbe in einer spektakulären Villa. Die Leute hatten einfach Bock auf »Luxus günstig« gepaart mit Party. Ob der Professor oder meine Freundin, drei paar Schuhe gab's von mir für die Location als Miete.

Ich bin morgens mit dem Gedanken an Schuhe aufgewacht und mit dem Gedanken an Schuhe eingeschlafen. Ich hab mich dann selbst übertroffen, als ich persönlich am Steuer eines 7,5-Tonners Nachschub in Italien geholt habe. »Claudi, das Truckerbabe.« Einmal Milano-Hamburg, über 1000 Kilometer, über 12 Stunden Fahrt. Ich war der Boss.

Das Geschäft wuchs, ich hatte Stammkunden, die mich immer weiterempfahlen. Dann kamen Klamotten dazu, Strick, klassische Blazer, Oberteile und Handtaschen. Alles top Qualität. Ich hab Riesenumsätze gemacht. In der Wohnung war meine Kasse ein Kochtopf. Da hab ich dann irgendwann 20 000 Mark an einem Nachmittag gemacht, manchmal 30 000. Schließlich hab ich auch Pop-up-Locations in der City gemietet, hatte Mitarbeiter zum Packen und zum Ein- und Ausladen.

1990, vor 30 Jahren hab ich die Ladenräume neben dem Hamburger Steigenberger Hotel gefunden. Da war der benachbarte Neue Wall, die 5th Avenue von Hamburg, im oberen Teil auf meiner Ecke noch verwaist. Aber ich war Trendsetter – heute ist Chanel mein Nachbar. Zwei bis drei Millionen Euro Umsatz hab ich da im Jahr gemacht. Und vor 18 Jahren kam noch der Laden in Berlin dazu. Manchmal hängt mir ganz schön die Zunge raus – aber so ist das Leben. Ich kam, sah und siegte. Mit anderen Worten: Es gibt keine Alternative, als sich immer wieder durchzubeißen. Zur Entspannung gab's schließlich immer mal Schampääääääign und Sex. Zur Not auch mit den Ehemännern meiner Kundinnen. »Ich wollte für meine Frau diese Handtasche umtauschen, sie hätte sie doch lieber in Dunkelblau.« – »Kein Problem, begleiten Sie mich doch bitte in mein Büro, dann können wir das abwickeln.« Erst hab ich den Jungs einen Drink angeboten, wegen der Umstände und so. Und dann hab ich dafür gesorgt, dass ganz zufällig bei einer Bewegung mein Rock so hochrutschte, dass es was zu gucken gab. Halterlose Strümpfe oder so. Und dann haben wir im Hinterzimmer schön was abgewickelt – erst mal die lästige Hose des Herrn runter. Warum? Weil ich Bock hatte und er auch – ora et irrumabo, wie der Lateiner sagt. Arbeite und ficke. Und dann – wickel, wickel – die Tasche umgetauscht. Ein Volltrottel hat seiner Frau sogar erzählt, wie schön es bei mir war. Sprach sich rum – und manche Ehefrau wusste auch Bescheid –, aber keine hat mich fallengelassen, auf die Schnäppchen wollte keine verzichten. Die Schnapper waren ihnen wichtiger als die Untreue des Gatten.

Oder die Schote: Ich war in der Sauna vom Elysee Hotel, Hamburg City, bisschen Massage danach, schwimmen und so – und gehe mit einem Champagner auf die Terrasse. Da sagt eine Stimme aus dem Hintergrund: »Sie lassen es sich aber gut gehen, das Einzige was jetzt noch fehlt, ist guter Sex.« Daraufhin ich: »Dafür sind Sie gleich zuständig.« Dann bin ich mit ihm nach Hause. Ich komme zur Tür rein, stehen im Eingang gleich 20 Paar Claudia-Obert-Schuhe. Ich dachte noch: »Muss ich jetzt auf der Hacke kehrtmachen, nicht dass ich jetzt mit dem Mann meiner besten Kundin vögel.« Aber da war er auch schon drin und der Drops gelutscht. In dem Fall erfuhr die Gattin nix.

Aber nicht nur die Ehemänner meiner Kundinnen hatten ihre Schwächen. Auch einige Luxuskundinnen gaben gelegentlich ihren Gelüsten nach. Denn ein Hobby der besseren Gesellschaft ist: klauen. Über die Jahre haben wir oft erst zu spät auf den Kameras gesehen, wie sogar Pelzmäntel unter dicken Jacken verschwanden. Ganze Stapel Kaschmirpullover waren auf einmal weg. Die Kundin, die wir ausfindig machen konnten, verkaufte die dann in einem Secondhandladen in Blankenese weiter. Ich hab oft meine neuen Schuhe in Secondhandläden gefunden. Hintergrund: Viele Ehefrauen vermögender Männer sind knapp bei Kasse, haben kein Bargeld. Sie bekommen von ihrem Mann nur dann Geld, wenn sie konkret sagen können, wofür sie es brauchen. Also klauen sie Sachen, die sie dann versilbern. Aber geil auch: Ich hab so oft in meinen Schuhkartons alte Schuhe gefunden. Die schlüpfen in die neuen und legen die alten Schuhe in den Karton. Das Gleiche mit Mänteln: neuen

Mantel anziehen, alten auf den Ständer hängen. Und wir sind so doof und merken das nicht.

Wenn ich es merke, dann spreche ich die Leute an, das ist eigentlich peinlich genug, auf eine Anzeige verzichte ich. Das Klauen ist für die Reichen auch ein bisschen Sport. Die haben wohl das Gefühl, nur weil sie ein guter Kunde sind, würde ihnen das zustehen. So bonusmäßig.

Eine meiner Kundinnen hatte in ihrem Bad die komplette Ausstattung vom Hotel de Paris in Monaco verteilt – hat sie über Jahre da rausgeschleppt. Anspruchshaltung. »Ich bin Stammkunde, da wird man doch wohl mal ein paar Handtücher und Bademäntel mitnehmen dürfen.«

Aber ich hab eben auch manchen Abstieg reicher Society-Ladys miterlebt. Wo der Mann bei der Scheidung sagt: »1000 Euro Unterhalt helfen dir nicht – und 100 000 Euro bist du mir nicht wert.« Die verarmen regelrecht. Diese Kundin hat auch versucht, sich umzubringen. Da spielt ja auch Scham in der besseren Gesellschaft eine große Rolle. Auch als Ehefrau hast du keine Sicherheit. Insofern – das Thema holte mich oft in meinem Laden ein – und ich hab's, ich weiß nicht wie oft, mit so vielen Frauen besprochen: »Sicher dich ab. Man muss eine Arbeit finden, die Spaß macht.« Dann sagte schon mal eine: »Ich halte meinem Mann den Rücken frei.« Wenn ich das schon höre. Das ist der Anfang vom Untergang. Ich gehe nach vorn – das zahlt sich aus. Ich fühlte mich über die Jahre immer wieder in meinem Leben, in meiner Art zu leben, in meinem Laden bestätigt. Ich war frei. Ich hab nie die Socken eines Mannes gewaschen, nie seine Hemden gebügelt. Das können gern die Ehefrauen machen. Ich hol mir immer nur die Rosinen. Ich will nicht den Kuchen. »Du bist zu beneiden«, hat auch mal eine Ehefrau zu mir gesagt.

So. Moment mal. Ich hab den Faden verloren … Also wir haben über die Schwächen der Ehemänner gesprochen und die der Frauen. Aber das, was die Paare vereint, ist die Schnäppchenjagd, wenn sie bei den Events gemeinsam auftreten. Entweder er oder sie: »Claudiiiiiieeeeee, du sag mal, was kostet ein paar Schuhe?«

Ich: »99 Euro.«

»Und wenn ich zwei Paar nehme?«

Ich: »Auch 99 Euro – mal zwei!«

»Und wenn ich vier Paar nehme?«

Ich: »Auch 99 Euro – mal vier.«

»Kann man da nix am Preis machen?«

Ich: »Doch, du kannst 150 Euro pro Paar zahlen, das wäre mir lieber.«

»Kann ich Prozente haben?«

Ich: »Wenn du 2000 Euro hierlässt, kannst du ne Flasche Schampus mitnehmen, hier gibt es die Prozente in Alkohol.«

Vermögende Menschen, das ist eine besondere Spezies, weil die halt an anderer Stelle Millionen aus der Portokasse raushauen, für ein Segelboot, den Reitsport oder das vierte Ferienhaus in Lamu. Die Rabatte, das ist für die Sport, so wie Einlochen beim Golf. Apropos Einlochen: Ich hab mal einen Scherenschleifer in München aufgegabelt und da hab ich im Bayrischen Hof auch ein schönes Upgrade ausgehandelt. Statt Standard Doppelzimmer die Suite. Ich weiß noch, der Typ war sofort unsterblich in mich verliebt, weil er dachte, ich hätte richtig viel Geld.

Ja, so schubberte und schrubbte ich mich durch die letzten 30 Jahre als Geschäftsfrau. Die Läden etablierten sich. Ich hatte immer mehr Stammkunden und durch den regelmäßigen Rummel, den ich veranstaltete, kamen immer wieder neue hinzu.

Outfit of the day!
So sah ich mit 7 aus, neben mir mein kleiner Bruder Manfred.

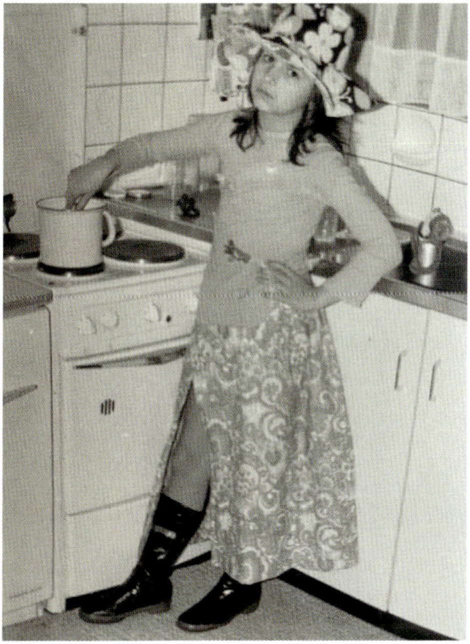

Da bin ich 12 und gehe als Hippie zum Karneval.

Hier bin ich 14 und pack die Ochsen bei den Hörnern. War als Kind viel in der Natur!

Bin immer gern in See gestochen. Zum Beispiel mit 22 in Südfrankreich.

Mein Porsche. Mit 25 hab ich jeden Tag einen Tank leergefahren.

Das war auf einer Reise nach Hongkong. Ich war 25 und das Foto für meinen damaligen Freund. Er hat es sich in die Westentasche gesteckt.

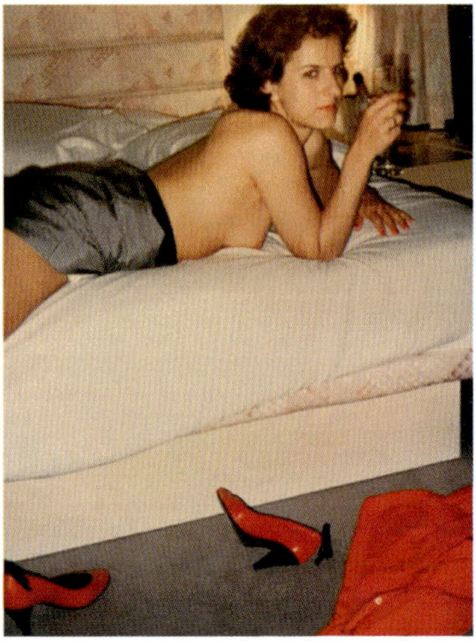

Sexy am Beach von Rio mit 26!

Ich in Venedig, auf Tour
mit dem Dicken (1986).

Ich im Heli über New York,
wieder auf Tour mit dem Dicken (1987).

Ich in China, auf Tour
mit dem Dicken (1989).

In Südfrankreich an
meinem 27. Geburtstag.

Auf Tuchfühlung
mit Oskar Lafontaine.

Mit Oma Rosa
in Südfrankreich.

1990 – die Anfänge
mit dem Geschäft.

Als Businessfrau – ich
war mein bestes Model!

Claudia Effenberg
bei mir im Geschäft.

Mariella Ahrens bei
mir im Geschäft.

Mein erstes Date mit dem Callboy. Und ich hab Vorfreude, aber bestimmt nicht auf Ostereier!

Auf der Filmparty für *The Patriot*, 2000, mit Mel Gibson, dem ich einen meiner bekanntesten Sprüche verdanke – ihr wisst schon!

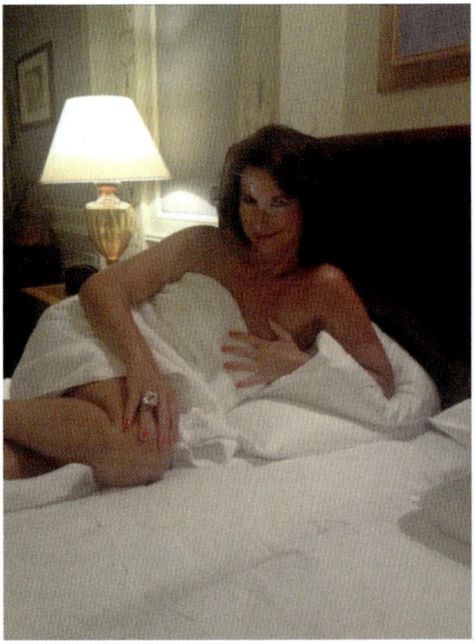

Mit dem Foto wollte ich mich beim Teleshopping bewerben, um Bettwäsche zu verkaufen, dabei war ich mit Mitte 30 schon richtig erfolgreich.

Tja, gestern war ich noch 30 und heute bin ich 60 – ein Wimpernschlag. Ich sammelte Männer und Millionen und trank ein paar Tausend Flaschen Schampäääääääign. Als wir uns einen Titel für dieses Buch überlegten, war eine Idee: »Piepen, Pimmel, Prösterchen« – doch der Verlag meinte, das schockt die konservativen Buchhändler. Ich sach: »Dann lasst uns doch sagen Bechern, Bumsen, Business?« Kam aber auch nicht durch. Jedenfalls – lasst uns im nächsten Kapitel mal über die Piepen reden.

Kapitel 11
Wo sind Claudis Millionen?

Ich werd ja geil von Geld. Wenn ich zehntausend Euro in bar zähle, »9600, 9700, 9800, 9900, 10 000 – ahhhhhh, ohhhhhhh!«, wunderbar. Noch mal auf dem Tisch von allen Seiten gradeklopfen, Manschette drum. Tolles Gefühl. Wie, wenn der Callboy zweimal klingelt.

Aber wenn du mich heute fragst, »Claudi, Sex oder Geld?«, dann nehm ich lieber das Geld. Sex hatte ich genug. Aber an der Penunze fehlt es neuerdings, obwohl ich in den letzten 30 Jahren, seit ich meine Boutique eröffnet habe, 100 Millionen, erst Mark, dann Euro umgesetzt habe. Krass, oder? Weil ich circa drei Millionen im Schnitt, auch mal fünf Millionen Jahresumsatz hatte. 250 000 im Monat – ja so flutschte das jahrelang.

Aber, wie schon der berühmte Erpel aus Entenhausen sagte: »Millions come – millions go.« Das wäre eine ziemlich passende Überschrift über meinem Leben, am besten in beleuchteten, neonfarbenen Buchstaben. »Wie viel Geld hat die Obert eigentlich?« – »Ist die so reich oder tut die nur so?« – »Is die Obert Millionärin?« – »TV-Millionärin, oder was is die?«, fragen sich nicht nur Promis – und schon gar nicht nur hinter meinem Rücken.

»Du bist doch pleite«, moderierte mich während der Dreharbeiten für die Sendung »Kampf der Realitystars« der adoptierte Prinz Frédéric von Anhalt vor laufender Kamera schön von der Seite an. Der fast 80-jährige Träger von Fantasieorden, der eigentlich Hans-Robert Lichtenberg heißt, gelernter Bäcker, der mal in Saunaclubs machte und »aufstieg«, weil er die 26 Jahre ältere Zsa Zsa Gabor ehelichte, genau der. Der Typ will mir, einem echten Arbeitstier ans Fell. Den Rest muss man sich denken. Ich sach: »Kümmer du dich um deine Pleite – und ich mich um meine. Tschüss.«

Das Geld anderer Leute ist eben immer ein Thema – vor allem, wenn man selbst keins hat. Ich schlachte heute mal mein Sparschweinchen für euch, oink oink oink, und dann zählen wir mal zusammen durch. Die Wahrheit ist: Ich habe Millionen verdient. Und die Wahrheit ist: Ich habe Millionen verprasst. Die Phönizier haben das Geld erfunden – leider zu wenig, jedenfalls was meinereiner betrifft. Je mehr Geld ich hatte, umso mehr hab ich auch ausgegeben. Die Frage ist ja nicht, wie viel Geld du verbrennst, sondern wie groß der Kamin ist, in den du es schiebst – und meiner war verdammt groß. Mehr so Hochofen, 1000 Grad, gib Kante. Und immer mit der Schaufel rein. Ich hab den Dollar zwar immer im Visier, aber leider nicht im Rücken. Stand Herbst 2021 habe ich ein paar Hunderttausend Euro, denn die letzte Million, sie schmolz wie Butter in der Sonne, vor allem wegen Corona. Es kam nix rein, aber die Kosten liefen weiter.

Ich kann aber sagen, ich hatte mein Leben lang 100 000 Mark oder Euro liquide in der Tasche, um einen trinken zu gehen. Die hatte ich so ungefähr schon mit 16 – und die hab ich mit 60. So, jetzt holen wir mal alle unseren Taschenrechner raus oder schmeißen das Maschinchen auf dem Mobiltelefon an. Denn: Wo ist die Kohle? Wo sind Claudis Millionen?

Die meisten Leute können sich gar nicht vorstellen, wie viel Geld man überhaupt ausgeben kann, vor allem wenn man erst mal anfängt und eine gewisse Hemmschwelle überschritten hat. Wenn du den Euro, den Zehn-Euro-Schein oder auch einen Hunderter nicht mehr dreimal umdrehst. Das fängt vielleicht im Restaurant an, top

Laden, vier Personen, leichtes Hummersüppchen, bisschen Weißwein, Schampääääääign vorweg, als Hauptgang Surf and Turf mit nem Schlag Kaviar und zum Nachtisch was Flambiertes mit nem Likörchen. Dann kommt die Rechnung über 850 Euro und man will ja nicht kleinlich sein, mit den üblichen zehn Prozent Trinkgeld sind das dann 935 Euro – dann sagste dir: »Komm was soll der Geiz?« und legst einen Tausender auf den Tisch des Hauses.

Seht es so, eine geile Einbauküche kostet heute 100 000 Tausend, ein vernünftiges Bad kostet 150 000 Tausend. Ne vernünftige Yacht gibt's ab 20 Millionen. Eine Million Euro ist heute nicht mehr viel wert in der Welt der Superreichen.

Eine Freundin von mir, denen gehört eine große Lebensmittelkette, trug letztens einen Ring, den siehst du schon, wenn sie aus zehn Metern Entfernung auf dich zukommt. Erst der Ring, dann die Frau. Größe des Steins wie so ein ordentlicher Brocken Kandiszucker, den man sich in den Tee haut. »Ja, der ist super«, sagt sie zu mir und streckt mir die Hand entgegen. Ich hol erst mal die Gletscherbrille raus, weil der Klunker so brutal blendet. »Kostet 1,8 Millionen Euro, Kleinigkeit zum Namenstag von meinem Mann.« Da weißte, wo der Frosch die Locken hat.

Ich bin selbst gar nicht so überkandidelt, also von der Basis her. Mir reichen 5000 Euro netto im Monat. Ich geh regelmäßig zur Kosmetik, sind viermal im Monat 500 Euro, paarmal zum Friseur, ja noch mal 2000. Hm, Hamam mach ich gern, geh immer mittags und abends essen. Ja, sorry, 5000 reichen ja gar nicht. Hab mich verrechnet. Auch wenn ich total gern Fahrrad fahre, das kost fast nix. Ich lebe in einer Mietwohnung, aus der ich nie rausgegangen bin, weil ich ja so viel auf Reisen war, die hat mir immer gereicht. Mittlerweile ist die Wohnung mit der Billigmiete von vor 25 Jahren ein Sechser im Lotto, wenn ich Richtung Alter und ungewisse

Zukunft blicke. Aber ich kann ohne Probleme auch 20 000 Euro im Monat ausgeben. Mach ich ja auch.

Da war mal mein Trip mit der Concorde nach New York und dann mit dem Hubschrauber aufs Dach meines Hotels. Hatte ich Bock drauf. Eigentlich war ich eingeflogen, um einen Typen zu treffen. Der meldete sich dann, da hatte ich die Koffer noch nicht ausgepackt und meinte: »Du, kleine Planänderung, tut mir leid, hab mich kurzfristig in eine Brasilianerin verliebt.« Da bin ich durchgedreht und hab aufgedreht, hab gefeiert, war shoppen und hab über das verlängerte Wochenende 40 000 Dollar ausgegeben.

Als ich den Laden in Berlin aufgemacht hatte, den zweiten nach Hamburg, hab ich wochenlang im Fünf-Sterne-Hotel Adlon gelebt. Ganz gut, dass ich vergessen habe, was das gekostet hat.

Als ich 22-jähriges Betriebsjubiläum hatte, habe ich einen Privatjet gemietet. Einmal Hamburg-Paris, aber bitte mit Sahne. Hab ein Dutzend Leute eingeladen und gesagt: »Auf geht's, heute machen wir ne Sause, Hossa, ich geb einen aus.« Der Flieger hat 26 000 gekostet, alle im Plaza Athénée eingecheckt, Drinks, Snacks, der Spaß an der Freud hat sich auf rund 60 000 summiert.

Ist Geld – ist viel Geld –, aber im Vergleich zu dem, was unter Reichen so läuft, ist das immer noch auf dem Level »Der Milliardär feiert eine Gartenparty mit Grillwürstchen«. Als ich mal in einer Schuhfabrik in der Toskana einkaufen war, hab ich einen Abstecher ans Meer gemacht und bin da zufällig in eine Bande von Leuten geraten, wo ein russischer Bauunternehmer richtig gute Laune hatte und den ganzen Beachclub eingeladen hat. »Cheeehlooo Frendz, Ei lahv juh ollllI, bi mei Gesssst.« Die hatten irgendwann keine Getränke mehr, da war die Party zu Ende und der Junge hat rund 800 000 bezahlt. Ich hab die Rechnung mit eigenen Augen gesehen. Gut, die Insider wissen Bescheid, so läuft das ja in den Feierläden rund ums Mittelmeer, wenn der Champagner für ein paar Hunderttausend Euro nur verspritzt wird, weil einem vom vielen trinken übel ist. Und weil immer noch zu viel im Portemonnaie ist, muss die Kohle irgendwie raus, man hebt sich sonst einen Bruch am Vermögen. Dagegen bin ich die ärmste Socke unter den Reichen, aber auch nicht von schlechten Eltern.

Bin einmal über Silvester nach London. Ins Luxushotel Lanesborough, ne Suite für 1800 die Nacht. Und bin drei Wochen geblieben. Wenn's mich überkommt, dann spinne ich richtig. Von den Klöpsen hab ich einige gebracht. Wenn ich das alles so nachrechne und überdenke, das war jahrelang das reine Lustprinzip …

Auf der einen Seite bin ich die Geschäftsfrau, die rechnen kann – und wie – und dann, wenn das Geld reinkommt, ist das ein unheimlicher Drang, das Geld zu leben, zu verleben. Für mich ist Geld ein Mittel, um sich Spaß zu kaufen. Und ja: Geld macht glücklich. Und mein Geld macht auch andere glücklich, wenn Tante Claudia reist, dann hat sie die Spendierhöschen an. Egal, wo ich hinkomme, schallt es mir schon von Weitem entgegen: »Hallllooooo, Clauuuuudiiiiaaaa«, bekomme sofort den besten Platz im Restaurant, das beste Zimmer im Hotel. Denn einen Hunderter Trinkgeld gibt's immer. Und wenn mir einer den Koffer aufs Zimmer trägt, dann gibt's 50. Ich tu was für die Volkswirtschaft.

Das Finanzamt kommt da nicht immer so ganz mit. Ich sollte mal erklären, warum ich innerhalb von drei Jahren eine Million und 6000 Euro »weiche Kosten« verursacht hatte. Also Geschäftsausgaben, die ich von der Steuer absetzen wollte. Da waren auch geschäftliche Reisen dabei, zum Beispiel nach Dubai, da wollte ich Investoren suchen. Was hab ich da gesucht und gesucht und nebenbei, ist ja ziemlich trocken und heiß da, auch ordentlich getrunken. Dom Pérignon und so. Investoren will man beeindrucken, also hab ich im

Ritz Carlton gewohnt. Natürlich bin ich in die Restaurants rein, wo potenzielle Geldgeber ihre Zigarren rauchen, und mit dem gemieteten Rolls Royce samt Chauffeur vorgefahren. »Schreiben Sie es bitte auf die Rechnung«, weil: Ich bin die total erfolgreiche Claudi from Tschörmäni und in mich und mein Geschäft müsst ihr dringend ein paar Dollar reinstecken, lohnt sich, because ich hab's halt so irre drauf. Ich meine – so läuft's halt. Hab am Tag 5000 Euro verpulvert. Bisschen Sushi hier und bisschen Sonnenbrillen als Produktmuster da kaufen. Hab dem Finanzamt dann gesagt, das war halt meine Vision, dass ich da Leute treffe, die ne Obert-Boutique am Golf aufmachen. Ich war mehrmals in Dubai. Immer schön 20 000 bis 40 000 in die Suche gesteckt. Na ja, jedenfalls, das eine erkennen sie für die Steuer an, das andere nicht. Dann macht man einen Kuhhandel, zahlt Steuern nach, da hab ich dann wieder eigenes Geld reingesteckt – aber die Investorensuche war es wert.

Da war dieser eine Investor, der mich im Aufzug im Ritz Carlton ansprach und einen Koffer mit Sex-Toys dabeihatte – da hab ich erst mal auf »Stop« gedrückt. Aber das ist eine andere Geschichte und das würde hier nur ablenken. Wie hieß der noch? Jedenfalls in mich reingesteckt hat er, nur nicht in mein Geschäft.

Was mich immer wieder überrascht: Die Leute sind nicht neidisch auf mich, die sagen: »Claudi, du strahlst Lebenslust aus.« Die Leute bewundern es, wenn du dein Ding machst. Vielleicht mach ich es auch auf eine Art, die nicht protzig ist. Vielleicht merken die Leute auch, ich bin einfach so – das ist ja alles nicht kalkuliert –, es ist keine Show, ich mach mir keine Gedanken darüber, wie es ankommt. Deshalb ist es ja auch oft so krass, dass ich im Nachhinein denke, zwei Flaschen Schampus hätten es auch getan, hätten nicht 20 sein müssen. Ich lebe Toleranz, lasst mich machen, was ich will, macht ihr, was ihr wollt. Die Fans lieben diese Einstellung und wollen selbst gern öfter mal die Kuh fliegen lassen. Ich sag immer, macht das, was in eurem Rahmen möglich ist. Gönnt euch, genießt es, schiebt nix auf. Egal was es kostet. Einfach aus dem Vollen schöpfen. Das kannste auch mit nem Drink vom Discounter.

Klar pumpen mich auch Fans an, aber ich verleihe kein Geld (mehr). Willst du einen Freund verlieren, dann leih ihm Geld. Ich habe öfter Geld verliehen. An Freunde in Not. Als sie das Geld hatten, habe ich von denen nix mehr gehört. Also das ist dann auch noch als Minus zu verbuchen. Und meine Großzügigkeit – ich habe oft viele Leute eingeladen, große Tische gemacht. 10 bis 20 Leute am Tisch, biste jedes Mal um die 10 000 Euro los. Mach das zehnmal im Jahr, sind easy 100 000 Tausend weg. Claudis Lifestyle halt.

Ich hab mir neulich ne Augencreme für 2000 Euro gekauft. So ne Scheiße! Und dann hab ich mal meiner besten Freundin 300 000 Euro gegeben, die sie für mich ganz toll anlegen wollte – das war die noch viel größere Scheiße. Alles weg. Darüber kann ich gar nicht schreiben, da muss ich heulen. Ja, und dann sind da ja noch die Kosten für Callboy-Kai, meinen Miet-Lover.

Ich bin jetzt 60 und eine meiner besten Freundinnen, die Gretel, die hat über 1000 Angestellte. Gretel hat keinen Hänsel, alles selbst verdient. Die hat 25 Immobilien, drei bewohnt sie selbst. Die hat zwei Schiffe, richtig amazing, einen Bauernhof in den Bergen, ein Haus am Meer auf Ibiza. Und die schüttelt immer den Kopf, wie ich mit dem Geld umgehe. Klar, ich frag mich auch manchmal, war das alles richtig so – oder war das alles falsch. Kommt jetzt irgendwann die Quittung, die Abrechnung sozusagen, war das dumm oder schlau? Ich hab mir dank Gretel aber vorgenommen, dass ich jetzt, nach Corona, darauf achten werde, weniger auszugeben, als ich verdiene. Gretels Geld-Tipp ist so simpel wie brillant: Gib immer weniger aus, als du hast – wenn du zehn Euro hast, dann gib nur maximal 9,99 Euro aus, dann kann nix schiefgehen. Aber wehe, du gibst 10,01 Euro aus, so fängt nämlich das ganze Kohle-Dilemma an.

Tja Leute, hat es sich gelohnt, das Geld zu leben? War das richtig? Ganz klares Ja. Ich werde irgendwann die Fröhlichste im Altersheim sein und erzähl den anderen Heimbewohnern beim Abendbrot meine heißesten, wilden Geschichten. Nein, ich bereue nichts, gar nichts und wirklich nicht. Ja, es hat sich gelohnt. Keine Reue. Ich hatte ein verdammt aufregendes Leben. Ich meine sogar, man muss das Leben so leben. Mir ist aber auch klar, es ist eine Typ-Frage. Ich kannte einfach kein Nein, weder beim Geld noch beim Sex – bekam nie genug. Claudi, die kleine Raupe Nimmersatt. Mag sein, dass das für einige auch ein bisschen shocking ist, dass man ein paar Millionen durchgebracht hat. Aber dass der Zaster erst mal weg ist, ist ja glücklicherweise nicht euer Problem. Kommt auch wieder, Claudi haut noch mal rein.

Die Masterfrage ist aber: Wie reich könnte ich heute wirklich sein? Von den 100 Millionen Umsatz sind im Monat ja immer die Fixkosten runtergegangen, Mieten, Gehälter. Schampäääääääign für die Bewirtung von Kunden. Von 100 Millionen Umsatz waren letztlich nur zehn Prozent vor Steuern mein Gewinn. Also 10 Millionen sind meins in 30 Jahren Schufti Schufti. 90 Millionen waren Wareneinsatz und Personal, Ladeneinrichtung, Reisekosten, Klopapier und Büroklammern. Zehn Millionen brutto hatte ich also über die Jahre erarbeitet, minus 42 Prozent Einkommenssteuer an den Staat. Also lass es versteuert 6 Millionen sein. Dann ist klar, du lebst ja auch, da haut im Leben auch mal was rein, Anschaffungen, Reparaturen, aber wenn ich mich zusammengerissen hätte, dann könnte ich ein paar Eigentumswohnungen, paar Kunstgegenstände, ein Ferienhäuschen, ein Aktienpaket und noch das eine oder andere Milliönchen in bar haben. Vier Millionen Euro müsste ich haben.

Tja, »wäre, wäre Fahrradkette« fasste schon Lothar Matthäus ähnlichen Schlamassel zusammen. Ich hab mein Geld gelebt. Es ist nicht angelegt, nicht verbaut, nicht im Safe – es ist gelebt, verlebt, existiert in unzähligen und reichlich spektakulären Erinnerungen, die immerhin ein Buch füllen. Erst knapp vor Corona, Anfang 2020, hatte ich das Ziel, mir an meinem 60. Geburtstag eine schöne Wohnung zu kaufen. Für eben jene Million, die ich noch auf Tasche hatte. Mit dem Alter kam die Vernunft – die letzten Dukaten noch mal richtig anlegen, absichern, als Altersvorsorge. Aber jetzt, nach Corona, ist das Geld weg beziehungsweise wie ein weiser Mann mal sagte, es ist nicht weg, es ist nur nicht mehr bei mir – es ist woanders.

Aber: »Hallo, adoptierter Prinz, das ist für dich: Ich war noch nie pleite!« Ich bin nicht pleite. Ich bin noch nie jemandem einen Cent schuldig geblieben, habe einen super Ruf in der Branche. Nur mit meinem Hamburger Vermieter hab ich einen Beef, weil die Monatsmiete in Höhe von 18 000 Euro während Corona zum Streitthema wurde. Nicht nur bei mir, in ganz Deutschland haben Geschäftsleute sich wegen der Miete auseinandergesetzt. Wie soll das gehen, wenn du monatelang deinen Laden nicht aufmachen darfst? Wenn ich nicht wegen Corona mein Erspartes ins Geschäft hätte buttern müssen, dann hätte ich zu meinem 60. Geburtstag lässig 1,5 Millionen versteuertes Geld gehabt. Und jetzt mal ausnahmsweise nicht lustig: Ich bin echt schwer traurig, bin traumatisiert, habe Magenschmerzen, aber manche Geschäftsfreunde sind noch traumatisierter als ich. Doch ich denke nicht über verschüttete Milch nach – bisschen was hab ich noch – und ich hab echt noch Lust und Laune wieder Gas zu geben, ranzuklotzen und jetzt mit dem Gretel-Prinzip noch etwas zu sparen. Danke, Gretel.

Ich wollte halt immer wie ein Millionär leben, aber nicht unbedingt einer sein. Wollte nicht sparsam auf dem Sofa sitzen und die Erbsen zählen. Vor allem, ich bin mir sicher, wenn ich das Geld auf der Bank hätte, wäre ich jetzt nicht der Star, der ich bin. Die Mundwinkel würden unten hängen und ich wäre eine frustrierte Alte. Denn letztlich hatte der Lifestyle ja was Gutes: Er hat mich auf meine alten Tage noch berühmt gemacht. Rolle: »TV-Millionärin«. Menschen, die die Kohle wie mit der Konfettikanone unter die Leute bringen, werden vom TV ja händeringend gesucht. Und das muss ich euch natürlich auch erzählen, wie ich überhaupt zum Realitystar wurde, obwohl doch die große Nick, La Nick, unsere Désirée, im Realitybereich die Gruppe Ü60 (über 60) und F70 (fast 70) bis D80 (demnächst 80) abdeckt. Bitte umblättern.

Kapitel 12
Wie ich Realitystar wurde

Thailand, Phang-nga, 36 Grad, Luftfeuchtigkeit 84 Prozent. Das bedeutet, meine Haare auf dem Kopf kräuselten sich so wie untenrum. Friseur war nicht, ich war nämlich mittendrin in der Produktion von »Promis unter Palmen« und mal ausnahmsweise nicht an ein Bett, aber ans Set gefesselt.

In der Villa Grand Satis, am Strand, teilte sich eine skurrile Mischung an verhaltensauffälligen Menschen diverse Zimmer. Bisschen Jugendherbergsgefühl, bisschen Promi Big Brother. Mit dabei: Janine Pink, Tobias Wegner, Carina Spack, Matthias Mangiapane, Désirée Nick, Ronald Schill, Eva Benetatou, Ennesto Monté und Bastian Yotta. An meinem linken Oberschenkel arbeitete sich Ex-Richter Ronald Schill laaaaaaangsaaaaam nach oben vor. Ich kann aber heute sagen, kurz vor knapp stoppte er vor meinem Fortpflanzungsorgan. Am entscheidenden letzten Zehntel-Millimeter bremste seine Hand sanft ab. Das konnten aber weder die Zuschauer so ganz genau sehen, noch die Promispanner, die aus sicherer Distanz die Doktorspiele unter Palmen beobachteten. Denn das Pettinggewusel spielte sich unter meinem Kleid ab. Ich dachte nur: »Er half ihr in den Damensattel und griff ihr an die Samendattel.« Ihr wisst ja, ganz mein Humor.

Die rhythmischen Bewegungen regten die Fantasie von Frau Nick und Herrn Mangiapane an, vor allem aber die in der linken Gehirnhälfte ansässigen Lästersynapsen. Von wegen: »Guck sie dir an, die schwäbische Hausfrau, die hat's nötig, ist die nooooootgeiiiiil.« Eine typische Situation in einer Realityshow, wie die Macher sie sich wünschen und die Zuschauer sie lieben. Und als Teilnehmer bist du dir hoffentlich im Klaren darüber, dass du nicht gebucht wurdest, um den Lichtschalter morgens an- und abends auszuschalten.

Wie bin ich da reingeraten, kurz vor der 60? Ein Alter, wo man normalerweise ein Date beim Hörgeräteakustiker hat, sich um Einlagen in den Schuhen kümmert oder um Zahnimplantate und man den Ruhestand beim Kurkonzert auf Sylt genießt. Im Grunde genommen aber schloss sich der Kreis in meinem Leben, als mich im Frühjahr 2017 eine Produktionsfirma ansprach, ob ich mir vorstellen könnte, an der Sat 1 Sendung »Promi Big Brother« teilzunehmen. Plötzlich machte alles Sinn, alles, was bisher too much war, zu krass, zu crazy – plötzlich hatte die Obert aus Kippenheim ihre Bestimmung gefunden. Ihr wisst ja dank meiner schonungslos offenen Biografie, was ich alles als Kleinkind, Teenager und junge Frau abgerissen hatte, das war ja alles eine Qualifikation mit Note 1+ für eine solche Sendung. Ich bin die fleischgewordene Eskapade – ein Exot – klar, weiß ich.

Ich hab ja in der Hansestadt Hamburg zum Beispiel mal für Schlagzeilen gesorgt, weil ich auf der Davidwache gelandet bin. Auf der berühmten Polizeistation Reeperbahn. »Der tiefe Fall der Society-Lady« titelte eine Lokalzeitung. Ich hatte, so jedenfalls meine dunkle Erinnerung, einem Barkeeper einen Aschenbecher über den Tresen geschmettert, weil der Schnaps nicht nachkam, oder so ähnlich. Was weiß denn ich. Jedenfalls haben sie mich da erst mal ordentlich ausgenüchtert. Und die bessere Gesellschaft quiekte: »Unmööööööglich.«

Und dann war ja da noch die Sache mit dem Gerichtstermin in London. Auf einem Flug mit British Airways hatte ich einer Stewardess einen fetten Klaps auf den Arsch gegeben, »klaaaatsch«, weil irgendwie zickte sie rum und wollte mich nicht bedienen. Ich dachte, ich könnte ihr so ein bisschen Dampf machen. Bei der Landung haben mich die Bobbies festgenommen. Da stand ich dann in London vor Gericht und musste 10 000 Pfund Strafe zahlen. Was soll ich sagen? Ja, Asche auf mein Haupt. Manchmal hab ich's echt übertrieben. Aber das sind schon Charakterzüge, das steckt in mir drin, ich weiß, das ist falsch, bringt nur Ärger, aber wenn mir morgen so ne Susi wieder doof kommt, dann kann ich für nix garantieren.

Und wie sich dann rausstellte, in der Gesellschaft, in die du wirklich reinpasst, bist du dann plötzlich nicht der Störenfried, sondern der Star. Meine bessere Gesellschaft ist die der Realitydarsteller. So ein bisschen durchgeknallt, das ist das Personal, das sie beim Fernsehen suchen. Na ja und die Macher von »Promi BB« hatten halt schon mal von mir gehört. Kein Wunder. Ich tingelte ja auch schon ne Weile durch die Kanäle. Alles fing mal an mit Hans Meiser. Ich weiß, jetzt redet Omma von vorm Krieg. Das war mal ein total angesagter Moderator mit einer eigenen Talkshow, die nach ihm benannt war. Zu Gast waren zum Beispiel Menschen, die mit Toten Kontakt haben. Oder ich erinnere mich an einen Gast, der war Starkstromelektriker, der auf Indianer umgeschult hatte, und als solcher im Taunus in einem Wigwam lebte. So was. Eine Sendung hatte den Titel »Dann schlag ich einfach drauf.« Da war ich aber nicht zu Gast. Mich hatten sie gecastet für: »Alle Männer sind geizig.« Und ich dachte mir, bei dem Thema kann man gar nicht genug auftragen und hab mir noch ein Chanel-Kostüm für 8000 Mark gekauft. Extra für Hans Meiser: »Hallo, Hans, wie geht's, wie steht's, hab mich damals extra für dich schick gemacht.« Für die lausige Gage von 150 Euro hab ich meine Show abgeliefert.

Ich hab dann so Dinger gebracht wie: »Wenn ich heute keine Präservative dabei hätte, würde gar nichts mehr laufen, selbst dafür sind die Typen zu geizig.« Alle haben gelacht, weil damals war es ja noch ungewöhnlicher, dass eine Geschäftsfrau in Pariser Couture im TV von Kondomen und Ficken spricht. Hans Meiser meinte nach der Sendung zu mir: »Wenn ich nur so Gäste wie Sie hätte, hätte ich doppelte Quote.«

Ich bin danach noch jahrelang von wildfremden Typen angesprochen worden, die wie Graf Zahl aus der Sesamstraße ihr Jackett so halb öffneten und mich mit einem »Pssst, ey«, anlockten näher zu kommen, um mich wohl in ein Geheimnis einzuweihen. Wenn ich dann ranrückte, sagten sie: »Ich hab welche dabei. Himbeergeschmack, Erdbeer, was du möchtest.«

Im Rückblick hat mein Hollywood-Auftreten natürlich früh für Aufmerksamkeit gesorgt, du guckst einfach hin, wenn jemand Geld ausgibt, teure Klamotten und Juwelen trägt. Das war in Deutschland damals auch einfach noch nicht angesagt und ist es auch heute, im Vergleich zu den USA, nicht. Und nun kam da also eine, die im Rolls Royce vorfährt, die 33,5 Karat umhat, Schampus schlürft, Kaviar zum Frühstück nascht und mittags schon ein Schäferstündchen mitnimmt. Und das Ganze nicht heimlich, sondern mit Getöse und Senf an die Decke. Der Auftritt als Luxus Lady gepaart mit unmöglichen Sex-Sprüchen und einem ausschweifenden Sex- und Party-Leben, das ist der feuchte Traum aller Journalisten. Selbst der ehrwürdige Spiegel hatte mich schon im Blatt.

Die Krönung war, dass es on top immer wieder kleine Skandale gab. Champagnerselig bin ich schamlos und schmerzbefreit. Und so kamen sie dann alle der Reihe nach auf mich zu: *Exclusiv, Explosiv, taff*, sämtliche TV-Magazine. Wenn ich auf Sylt beim Polo war, oder in Hamburg oder in Baden-Baden beim Pferderennen, dann rannten die mir von *Exclusiv* gleich hinterher. Ich hatte immer den auffälligsten Hut, war super gekleidet, in der rechten Hand ein Glas, in der linken eine Zigarre, an der ich paffte. »Ja, wo laufen sie denn?« Dann hingen sie sofort mit dem Mikrofon bei mir und ab ging die Luzie. Die Kamera liebt mich und ich liebe die Kamera, das war ganz früh klar. Ich hab halt auch immer abgeliefert – immer schön einen drüber, immer schön auf die Sahne drauf. Bei allem Jux, ich war verdammt professionell.

Ja und dann wurde ich immer öfter angefragt. Für alle möglichen Sendungen. Es kam *Shopping Queen*, *Mieten, Kaufen, Wohnen*, *The Diva in me*, *So liebt Deutschland* – dann das *Promi-Dinner*. Hier kam es zu einer legendären Szene, die sich als ein Popularitäts-Booster erwies, als ich mich breitbeinig aufs Bett fallen ließ und zum Ex-Bachelor Paul Jahnke sagte: »Nimm mich als Erste!« Der war so geschockt, so konsterniert. Der hat das für bare Münze genommen. Der hat gar nicht kapiert, dass das Teil meines, unseres Jobs war, nämlich Entertainment zu liefern. Dabei steht in seinem Wikipedia-Eintrag, er sei ein Fernsehdarsteller. Das ist halt mittlerweile ein Beruf. Ich wusste instinktiv: Eine reiche Society-Lady im Designer-Kostüm, die »ficken« sagt, ist schon super, wenn die dann noch die Beine breit macht und schreit: »Nimm mich zuerst«, das ist Quotenfutter – und wenn sie dann noch dem Kellner eine scheppert, weil der Schampääääääign nicht mehr blubbert – dann wirst du zum TV-Royal.

Aber was ich sagen muss, ist, ich habe keine Rolle gespielt, denn so bin ich und so war ich mein Leben lang – ich hab halt dann nur mein Leben auf die Bühne gebracht. Und dafür gab's Applaus. Die Reaktionen, die ich von Fans bekomme, sind so, dass die Leute es cool finden, wenn du hart arbeitest, aber noch härter feierst. Sie bewundern das ausschweifende Leben, weil sie es selbst auch gern leben würden, sich aber nicht aus ihren Zwängen befreien können. Sie erleben die Eskapaden durch mich, amüsieren sich, wären gern dabei. Ich krieg ja ständig Anfragen. »Claudi, lass mal was trinken gehen.« Das wäre eigentlich eine prima Geschäftsidee: »Life is a Party – jedes Wochenende feiern mit der Obert.« Vielleicht auf dem Kiez, vielleicht in Kooperation mit Olivia Jones. »Jetzt geht's looooos. Jetzt geht's loooos.«

Was ich auch ganz viel höre: Am Ende ist es Oberts Geld, Oberts Ding – alles selfmade. Nix die Freundin von nem Fußballspieler oder nem Spielhallen-Betreiber. Das macht den Unterschied, da liegt glaub ich der Schlüssel meines TV-Erfolges. Da gibt es keinen Neid. Das hat die Claudi alles ganz allein geschafft, dann soll sie auch machen – und da hängt natürlich auch die Bewunderung dran, dass ich eben vollkommen frei und unabhängig bin. Meine Fans sind nicht nur Frauen. Auch viele Männer, schwul, lesbisch, Omas, Transsexuelle und solche die noch gar nicht wissen, wo die Reise hingeht.

Hab ich schon erzählt, dass ich mal was mit ner Frau hatte? Hier passt es doch grad ganz gut hin, komm, bauen wir das noch ein … aber mit Richter Gnadenlos Schill war ich nie in der Kiste. So passt auf. Ronald Schill. Zurück zum Reality-TV. Dann kam also der Anruf von Rainer Laux, dem Macher von Promi BB im April 2017. »Liebe Claudia, könntest du dir das denn vorstellen.« Ich sach: »Wie viel Schmerzensgeld gibt es denn?« Hatte dann sofort Lust, als ich die Gage gehört hab. Eine Gage im Gegenwert von zwei Markenkleinwagen, mit gehobener Ausstattung, also Ledersitze, Navi, Rückfahrkamera und richtig guten Felgen. Dann bin ich im Sommer 2017 nach Köln. Die Schlagzeilen damals: »High Society-Lady Claudia Obert zieht in das Promi Big Brother Haus.«

Das war schon was anderes als ein Magazin-Beitrag. Das waren zwei Wochen insgesamt, ich war eine Woche drin. Es gab die Bereiche »Nichts« und »Alles«. Und es war super lustig. Mit dem inzwischen verstorbenen Willi Herren, Sarah Kern, Evelyn Burdecki, Steffen van der Beeck, Jens Hilbert, Sarah Knappik. Ich schlief teilweise auf dem Boden im »Nichts« was für meinen Rücken super war, der ja immer noch geschädigt ist von dem mega Business Schulbücherverkauf. Willi knutschte mit Evelyn, Sarah Knappik und Dominik Bruntner hatten keinen Sex auf dem Klo, dafür die Knappik einen Nervenzusammenbruch und Sarah Kern den Anwalt der Knappik am Hals, weil sie in einem Interview gesagt hatte: »Dominik hat uns im Haus erzählt, dass er mit Sarah sehr viel Spaß auf dem Klo hatte. Dominik meinte, es sei wesentlich mehr als nur Knutschen gewesen.« Der schrieb auf Facebook: »Die Sache mit Sarah Knappik ist geklärt und ich möchte nochmals betonen, dass da nie was gelaufen ist.« Ich jedenfalls für meinen Teil sagte irgendwann zur besten Sendezeit: »Ich hatte so lange keinen Sex mehr, ich weiß gar nicht mehr, wo man ihn reinstecken muss.«

Das Reality-TV wurde für mich erfunden. Zwar erst als ich fast 60 war – aber eigentlich hätten sie mich auch schon mit drei entdecken können. Die Kameras haben mich nicht gestört. Hier könnten Tag und Nacht hundert Kameras hängen, rund um mein ganzes Leben, das würde mich nicht jucken. Die können auch senden, wenn ich vögel, von mir aus in der Tagesschau, dann sieht die Nation, was ich drauf hab. Furzen auch – kann man alles senden, gar kein Problem. Bei Promi BB ist mir sogar einer entwichen. Volle Kanne. Habt ihr das gehört? Ich hab einfach keine Hemmungen, mir war noch nie was peinlich. Da hab ich ja den Mädels auch von meiner Zeit in Paris erzählt. Kam prompt die Schlagzeile »Promi Big Brother Star hat sich prostituiert.« Aber das konnten wir in diesem Buch ja dann auch mal ganz ausführlich klarstellen.

Also nach Promi BB hatte ich schon den Status »Realitystar«. Das war bis dahin der Höhepunkt und es folgten viele Anfragen, auch für den Dschungel. Da gab's mal ne Produktion *Schickeria Deluxe* – is brutal gefloppt. Die Quoten waren schäbig statt stylisch, runter auf 2,9 Prozent. Zum Vergleich: *Die Geissens* tummeln sich stabil um die 6 bis 8 Prozent. Authentizität ist das Zauberwort im Reality-TV. Die Zuschauer merken, wenn es inszeniert ist.

Das nächste Highlight stand dann im November 2019 an. In der Business Class nach Thailand zu *Promis unter Palmen*. Die Produktion zahlt nur Eco, da zahlt Claudi lieber drauf. Ihr wisst ja – der Rücken. Das lief im April 2020. Gage: Im Gegenwert von drei Markenkleinwagen mit top Ausstattung, siehe oben. Und auch hier wieder: Ich bin dahin ohne Plan. Und dann steh ich da im Garten der Villa, denk mir nix. Die Vögel zwitschern. Ich zwitscher mir einen und will vögeln. Und Richter Schill fasst mir unters Kleid. Normal. Da ist doch nun wirklich nichts dabei. Es war gar nicht schlimm – egal wie hoch oder nicht hoch. Er hat mir ja nicht die Eierstöcke hin- und hergeschoben. Mir kann doch mal jemand ans Knie fassen und den Schenkel massieren. »War er etwa bis zur Mumu?« Was hab ich besorgte Textnachrichten erhalten. Aber wirklich schlimm war nur das, was sich da unter den Mitstreitern zusammenbraute, nicht unter meinem Kleidchen. Und nein, das merkste vor Ort nicht. Ja – bisschen Gruppenbildung, klar, aber als ich dann selbst vorm Fernseher saß, da war ich wirklich geschockt zu sehen, was einige Leute hinter meinem Rücken so erzählt haben. Was die so von sich gegeben haben. Unterste Schublade.

Dann kam die Wiedersehensparty und die Betroffenen meinten: »Das ist schlecht zusammengeschnitten worden.« Ich sach:

»Die können nur zusammenschneiden, was auch gesagt wurde.« Ja, das ist alles nicht meine Art, wenn mir einer dumm kommt, dann spring ich dem mit dem nackten Arsch ins Gesicht, dann kannste »Auweia« rufen, aber das ist wenigstens ehrlich. Dieses Hinterfotzige – das war noch nie meins. Diese berühmte Szene, wo die Nick handgreiflich wurde – keine Ahnung, was die geritten hat. Die ging hoch wie eine Silvesterrakete. Und Richter Schill schrie gleich: »Großes Kino.« Man lässt sich da auf was ein, was man einfach nicht kontrollieren kann. Die Leute kommen voll mit einem Ranzen an eigenen Befindlichkeiten, schwieriger Kindheit, Ängsten, fern der Heimat, mit dem dringenden Bedürfnis, in so einer Show ganz groß rauszukommen. Die meisten haben ja in dem Sinne zu Hause keine Arbeit, keine Aufgabe, kein Geschäft. Wie gesagt: TV-Darsteller sind das. Und das muss dann laufen. In so einer Sendung empfehlen sie sich gleich wieder für die nächste. *The show must go on.* Aber beleidigen, mobben, zuschlagen? Die demontieren sich doch selbst. Der Zuschauer will nicht, dass da so rumgesaut wird, das ist das Feedback, das ich von meinen Fans bekomme. Und die Macher wollen es auch nicht.

Es ist nicht so, dass die Verantwortlichen das je forciert haben – jedenfalls nicht in den Sendungen, in denen ich war. Im Vertrag stand, wir sollten uns alle mit Respekt behandeln. Und in dem Moment, wo es respektlos wurde, wo es dann ja wirklich nur noch Mobbing war, da hab ich eingepackt. Ich hab in dem Sprechzimmer gefragt, ob das noch respektvoll sei. »Nein«, haben die Produzenten dann gesagt, »mach es so lange, wie du es kannst und willst, wenn du gehst, ziehen wir dir kein Geld ab.« Und ich bin dann gegangen – und die Zuschauer wissen warum. Bis heute.

Ein kleines Mädchen hat mal zu mir nach der Sendung gesagt: »Ich hab dich im Fernsehen gesehen, die waren böse zu dir, geh da nicht mehr hin.« Ist ja ein Lebensmotto von mir – wenn es mir nicht mehr passt, nehm ich meine Kreditkarte und gehe. Ob in der Familie, bei einem Mann oder einem Scheiß-Job, ich kann sagen: »Fuck you!« Ich war da so schnell raus, die haben mich gar nicht mehr gekriegt, so bin ich da abgedampft. Da kam noch der Psychiater hinterhergelaufen. Ich sach: »Lass stecken.« Dann wollten die ja auch noch sogenannte »O-Töne« – Statements nach dem Auszug. Ich sach: »Ihr könnt mich mit euren O-Tönen am Arsch lecken. Ich will jetzt Schampus.« Das ist ja das andere Problem. Der Fusel, den die beim Fernsehen ausschenken. Da schüttelt es dich. Ich bin dann ins Hotel und hab's mir gut gehen lassen. Die Nick kam ja wenig später auch raus, hatte sich am Strand einen Bänderriss zugezogen. *Karma is a bitch.* Aber ich hätte mir nicht erträumt, dass ich als Hero da rausgehe, dass die Zuschauer mich zum Gewinner der Herzen machen. Die Zuschauer sind echt sensibel. Bisschen lästern okay, bisschen freche Sprüche ja, klar, auch streiten, wie im richtigen Leben – aber das Mobbing haben sie schon in dieser Staffel verurteilt – und seitdem ist ja viel passiert. Dass Yotta die Sendung noch gewonnen hat, das war sein letzter Triumph im deutschen Reality-Fernsehen. Das war pervers. Solchen Leuten darf man keine Darstellungsfläche bieten. Der hat mich ja ernsthaft noch nach der Sendung kontaktiert und wollte mich in den USA »ganz groß rausbringen«. Ihr kennt ja »Only fans«? Da ist er aktiv. Der hat ja einen Schwanz, wo du nicht weißt, ob du dich freuen oder fürchten sollst. »Hey Claudia, du weißt, ich stehe zu meinem Wort, ich bringe dich in Amerika ganz groß raus, meld dich.« Ich hab alles gelöscht. Bevor ich mit Yotta einen Deal mache, geh ich lieber an den Nordpol und vermiete Hundeschlitten.

Ja und realitymäßig ging's halt weiter – immer weiter. *Festspiele der Realitystars*, *House of Love*, *Die Obert-Connection*, *Kampf der*

Realitystars. Das ist inzwischen ein Zirkus für sich – fahrendes Volk in Sachen Unterhaltung. Man kennt sich, man sieht sich. Spielst du in der einen Show noch gegen Jenny Elvers, liegst du in der nächsten mit ihrem Sohn Paul im Etagenbett. Das Ganze boomte ja in Corona so richtig.

Manchmal ist das echte Leben allerdings auch krasser als die Realityshow. Mit Eva Benetatou zum Beispiel bin ich befreundet. Während sie schwanger zu Hause blieb, bandelte der Vater ihres ungeborenen Kindes mit einer anderen Teilnehmerin, Jenefer Riili, (Kennt ihr nich? Hat nich mal einen Wiki-Eintrag) in Thailand an – und ich vor Ort. Das war heftig, das kannste nicht erfinden. Bisschen viel reality, dachte ich. Der kam dann nach Hause und wollte seine Frau, die im siebten Monat war, nicht mehr umarmen. Und auch Alessia Herren, die Tochter von Willi Herren war mit mir in der aktuellen Staffel *Kampf der Realitystars.* Nur wenige Tage nach ihrer Rückkehr aus Thailand starb ihr Vater Willi. Das hat mich schon mitgenommen, das tat mir wahnsinnig leid für das Mädchen. Ich bin ja nicht so der RIP-Typ auf Instagram. Ich kann das nicht, die Fotosammlung durchsuchen, bis ich ein Foto mit dem Verstorbenen finde, nur um es hektisch zu posten, bevor er unter der Erde ist. Komischer Trend. Fand ich schon immer. Wenn ich das richtig verstehe, stand Willi Herren unter großem Druck, stellte sich vielleicht die Frage, wie geht es weiter, bin ich schon auserzählt, war ich schon in allen Realityshows vertreten, was kann noch kommen?

Ich finde, gerade in diesem Segment muss man extrem stark sein, du musst echt viel aushalten – auch das, was nach einer Ausstrahlung kommt, die unkalkulierbaren Reaktionen. Für mich ist es kein Problem, ich hab ja noch ein Schiff auf dem Wasser mit meinen Läden. Wenn TV vorbei sein sollte, dann lebe ich wie vorher weiter. Das sieht bei manch anderem TV-Darsteller anders aus.

»Claudia, die haben vom Dschungel wieder angefragt«, so meldet sich mein Management immer mal wieder. Aber der Fraß von Buschschweinsperma über püriertem Känguru-Anus bis hin zum Penis oder Hoden von sonst welchem Vierbeiner, sorry. Da würg ich, obwohl ich in Hamburg noch sichere rund 16 000 Kilometer entfernt von diesem Ungeziefer-Camp bin. Das pack ich nicht – was sollen die mir für das Abenteuer zahlen? Es gibt ordentlich Kohle und Ruhm. Gage: So was wie eine Luxuskarre, Spitzenmodel mit 12 Zylindern, Spitzengeschwindigkeit 350 km/h. Könnt ihr euch was drunter vorstellen? Aber ich will mich nicht zu etwas zwingen.

Ne Freundin meinte, ich könnte das aber trainieren und hat im Netz Hersteller gefunden, über die man doch allerlei Hoden, auch getrocknet bekommen kann. Ich überleg's mir. Sollte ich an den getrockneten Känguru-Dingenskirchens üben und knabbern, dann poste ich das auf Instagram. So, ich bin fick und fertig, war ein langes Kapitel. Erst mal einen Schampääääääign.

Kapitel 13
Meine Busenfreundin La Nick

Als ich ein paar Leuten erzählte, dass ich meine total versexte Biografie schreibe und ich auspacken will über mein Leben von der Wiege bis zum Sechzigsten, da wurde sofort die Bitte an mich herangetragen, doch mal alles über Désirée Nick zu erzählen. Wo sie herkommt und wie wir uns kennengelernt haben in meinem türkischen Bazar – was nu is mit den Etuikleidern aus Loooooondoooooon. Und warum sie mich hasst, auf mich losging, handgreiflich wurde und schlecht über mich redet.

Diesen Bitten möchte ich nachkommen und einmal für Klarheit sorgen. Es gibt da nämlich eine Menge verdammt spannender Details. Hier also widme ich ein ganzes Kapitel nur La Nick! Auf geht's Madl und Buabn. Keine Ahnung, warum ich jetzt ins Bayrische verfalle – muss die Vorfreude sein.

Das war so um 2000 rum, da kam die [redacted]

Ich sag's euch – unglaublich. Keine Ahnung, was sie sich dabei dachte. Aber der Knaller war [redacted]

[redacted]

Leider meinte der Verlag, das müsse man alles schwärzen. Seid nicht traurig – vielleicht sehen wir uns mal auf einen Drink in meiner Butike und dann schnacken wir mal ne Runde. Prösterchen, Désirée!

Kapitel 14
Meine heißesten Nümmerchen

Das Leben ist mal ne Party und mal ne Beerdigung, schwarz und weiß, Tag und Nacht, heiß und kalt, und mal hast du guten, mal schlechten Sex. Die Chinesen nennen es Yin und Yang – Gegensätze, die sich nicht ausschließen, sondern ergänzen. Macht irgendwie Sinn. Nur wenn du je ne lauwarme Schaumweinplörre getrunken hast, weißt du einen eiskalten echten Schampääääääign zu schätzen. Nur wenn du mal in eine olle Wurst gebissen hast, weißt du, dass dich ein gutes Steak glücklich machen kann. Und für die Vegetarier unter uns: Nur wer jemals eine gammelige Avocado auf dem Brot hatte, weiß, was für ein Genuss ein frischer Grünkernbratling ist. Und nur wenn du mal im Bett einen Flop erlebt hast, dankst du dem lieben Gott, wenn du einem der nachstehend beschriebenen Typen zwischen die Laken gerätst.

Hier kommen nun Claudis unvergessene heiße Nümmerchen, meine Top vier aus rund 5000 sexuellen Eskapaden. Wie gesagt, ne moderate Schätzung, Understatement, das kann ich. Wenn mein letztes Stündlein schlagen wird, dann werde ich noch ein letztes Mal an diese Liebhaber denken. Denn immer wenn sie mir in den Sinn kommen, bildet sich unkontrolliert ein Lächeln auf meinen Lippen. Dann guck ich wie der Schmunzelhase. Geiler Sex ist eine Mischung aus: 1. Total unverhofft, ungeplant, unerwartet, wenn du gar nicht damit rechnest. 2. Aus bissi verboten. Ihr kennt doch so Schilder auf Wiesen, wo ein kleiner, kackender Hund durchgestrichen ist. Solche Schilder befinden sich ja imaginär in unseren Köpfen in Form eines Schildes, wo ein knatterndes Pärchen durchgestrichen ist, zum Beispiel im Kino, im Treppenhaus eines Kaufhauses, im Parkhaus, am Strand – und eben, wie ihr gleich lesen werdet: im Aufzug und in einer öffentlichen Dusche. Und weil man da eigentlich nicht darf, ist es umso schöner.

Mein Sexleben hat mich eins gelehrt: Sei immer ready, denn unverhofft kommt oft. Ich bin immer top rasiert, immer perfekte Pediküre, immer geduscht – weil: *You never know.* Und ich will es nicht erleben, dass der tollste Typ, den ich je gesehen habe, vor mir steht, mich ins Gebüsch ziehen will und ich muss sagen: »Ich kann nicht, ich hab Stoppelhaare an den Beinen«. Die folgenden Tatorte: Paris, Nizza, Köln und Hamburg.

Die erste Geschichte hatte ich schon mal bei *Promi Big Brother* erzählt. Aber sie ist einfach zu gut, um zu sagen, hab ich schon rausgehauen, weil – hat ja vielleicht auch nicht jeder, der das Buch gekauft hat, die Sendung gesehen. Außerdem: So ausführlich hab ich die Sexgeschichte noch nicht präsentiert. Ich saß also eines schönen Tages in meinem Lieblingshotel Plaza Athénée unten in der Lobby. Da trinkt man nachmittags mal einen Tee, ich noch einen Rosé dazu, und lässt das Gewusel an schwerreichen, schwerstparfümierten Damen aus dem Orient, an hektischen Geschäftsmännern in perfekten Maßanzügen und Schwärme wunderschöner Ladys an sich vorbeiziehen, die hier die neueste Pariser Mode ausführen. Kino ist das. Einmalig. 80 Euro zahlt man heute für den Afternoon Tea, die Societyshow gibt es gratis dazu.

Ich hatte nichts anderes im Sinn, als ein bisschen abzuhängen und hatte noch einen Termin im Kalender. Da ging ein schicker Typ durch die Halle, ziemliche Präsenz, kommt mir heute so vor, als wäre er in Slow Motion gegangen. Er lächelte mich an, ich lächelte zurück, er lächelte wieder. Und er hatte diesen festen Blick – guckte mir voll in die Pupille und ließ nicht locker. Und ich: Blicke gebannt, gelähmt wie das Kaninchen in die aufgeblendeten Lichter eines herannahenden Autos. Bums, hatte der mich erlegt. Er ging zum Aufzug und winkte lässig zu mir rüber, so ein selbstverständliches »Komm mit« war das. Ich nahm dann noch einen Schluck Tee, denn mein Mund war schlagartig furztrocken, als hätte ich einen Wattebausch verschluckt, so sehr war mir die Spucke weggeblieben. Und ihr ahnt es schon, was ich jetzt hinzufügen möchte, so trocken ich obenrum war, so … gut, mittlerweile kennt ihr mich ja.

Ich lief also schnell zu ihm, rein in den Aufzug und noch bevor die Tür zuging, war die Granatenknutscherei schon im Gange. Im Zimmer ging die Wahnsinnsnummer ab – der kannte nicht meinen Namen und ich nicht seinen. Was er hin und wieder murmelte, war eine fremde Sprache. Könnte naher Osten gewesen sein. Er sprach kein Englisch, aber die internationale Sprache der Liebe, nämlich Sex geht ja gut auch ohne viel Labern. Bei mir brannten schön alle Sicherungen durch und er machte auf mich den Eindruck, dass es auch ein eher heißeres Nümmerchen in seinem bisherigen Leben war. An der Stelle hingen die Mädels im Promi-Big-Brother-Haus schon atemlos an meinen Lippen. Maria Hering und Milo Moiré wollten wissen, wie es weiterging.

Also mit den zur Verfügung stehenden Körperteilen gab er zu verstehen, dass er wegmuss. Also Küsselchen aufs Rüsselchen. Da geht er zu so einem Louis-schießmichtot-Schreibtisch, auf dem ein Koffer lag. Schnapp, schnapp war das Ding auf – und: voller Geld. Voll mit Dollarscheinen, wie im Film. Und er greift da einfach einmal rein, holt ein dickes Bündel raus und gibt es mir. Ich musste es mit beiden Händen umfassen. Ich hab mich auf jeden Fall herzlich bedankt. Um das nochmals klarzustellen: Ich hatte kein Preisschild um, ich hatte nur Lust – er auch – wir haben niemandem was getan. Und am Ende drückt der mir 25 000 Dollar Cash in die Hand. Ich meine, auf guten schnellen Sex lassen sich jedes Wochenende Frauen in weniger spektakulären Locations ein und bekommen dafür nicht mal ein Paar Schuhe. Aber: Warum auch nicht? Der war einfach sehr reich. Und ob der das Bündel Kohle noch im Koffer gehabt hätte oder Peng, das machte keinen Unterschied. Vielleicht war es in dem Land, aus dem er stammte auch eine respektvolle Geste gegenüber einer Frau. Da können wir jetzt lange philosophieren. Maria und Milo haben natürlich im Big-Brother-Haus so geguckt wie wahrscheinlich ein paar von euch jetzt. Willi Herren, Gott hab ihn selig, meinte: »Wenn du das genommen hast, bist du eine Nutte.« Sarah Kern hat gelacht. Evelyn Burdecki hat nur zugehört. Meine Erfahrung ist: Bei einigen Leuten spielt einfach der Neid ne Rolle, wenn sie so was hören oder sie sind nicht bewandert – oder auch überfordert. War Willi Herren zu Lebzeiten jemals im Plaza Athénée? Das passiert dir ja nicht in Köln Nippes. Das passiert dir nur in so einer Welt. Und in diesen Luxus-Hotels in Paris, das ist eine eigene Welt für sich.

Es gibt eine deutsche Promi-Frau aus Hamburg, kein Name, die reist öfter nach Paris und kommt mit blauen Flecken nach Hause. Die kriegt in der Stadt der Liebe auch das, was sie braucht. Bei Fotoshootings erzählt sie immer was von: »Ich bin ein Schusselchen, ich stoß mich immer.« Korrekterweise muss es heißen: »Ich lass mich immer stoßen.« Aber Deutsch ist nicht ihre Muttersprache. Deshalb vielleicht.

Manch einer hat romantischere Vorstellungen von Sex, für den is ne schnelle Nummer halt nix. Ist ja okay. Aber wir müssen uns doch nicht gegenseitig vor Gericht stellen. Denn: Was ist daran so shocking? Ist keiner zu Schaden gekommen. Ich bin dann abgedampft, war fit im Schritt, hab gut gelaunt meinen Job gemacht und kam aus Paris mit mehr Geld nach Hause, als ich losgefahren war. Für mich war die Nummer sensationell. Richtig leidenschaftlich. *Non, je ne regrette rien*, ich hätt's immer wieder getan.

Auch ein Träumchen war mein Strandnachmittag am Ruhl Plage in Nizza an der Côte d'Azur. Südfrankreich wie gemalt, glitzerndes Meer vor einem, liegt man auf seiner blau-weiß gestreiften Liege, mit blau-weiß gestreiftem Schirmchen, ein Kellner hat vielleicht ein kleines Tuna Tatar gebracht – und so schnurzelt man sich durch den sonnigen Nachmittag und starrt in den azurblauen Himmel. Ich grillte da also gut gebräunt vor mich hin und hatte einen attraktiven Typ durch die Sonnenbrille im Visier. Ja – der andere riecht ja irgendwann den Braten, der also auch durch die Sonnenbrille zu mir geluschert. Und wie das dann so ist: luscher, luscher. Er steht auf, geht zu den Duschen. Ich denk, mir is auch heiß und latsche hinterher. Aber ich war zu langsam und er plötzlich wie vom Erdboden verschluckt. Also gehe ich an den Duschen vorbei und will wieder zu meiner Liege zurück. Da zieht mich plötzlich ein kräftiger Arm wie in so einem Comic in die Dusche – so eine Szene, wie wenn sich Asterix einen Römer schnappt, der grad doof vorbeikommt. Und da war er dann, der Adonis vom Beach und stand vor mir in seiner ganzen Pracht. Wir waren uns sofort handelseinig.

Er hieß Gianni, war Italiener mit Wohnsitz in London, wo er ein traumhaftes Apartment besaß, Belgrave Square Garden. Seinetwegen bin ich dann öfter mal nach London, hatte aber auch den Schlüssel von der Hütte. Irgendwann bin ich mal wieder da, stell den Koffer ab, steck den Schlüssel ins Schloss, passt der Schlüssel nicht mehr. Da hab ich ihn angerufen: »Du, Gianni, ich bin hier an der Wohnung, aber ich komm nicht rein.« Und Gianni: »Sorry, hab ganz vergessen, dir zu sagen, dass ich geheiratet habe. Meine

Frau ist da eine ganz Genaue und hat erst mal überall die Schlüssel austauschen lassen. Sie hatte so ein komisches Gefühl.« Gut, dann war da halt Schluss, aber er blieb auf jeden Fall forever in meiner Liebesgalerie.

In Köln lernte ich auf einer Vernissage mal einen ganz tollen Mann kennen – groß, kräftig, elegant – wirklich eine Erscheinung. Ich versuchte zuerst, auf ganz intelligent die Bilder anzugucken und schlaue Kommentare abzugeben. Liegt mir nicht wirklich. Bei Kunst frag ich immer: »Kann das weg?« Jedenfalls, ich tummelte mich da also, er um mich rum, ich um ihn rum, bis ich merkte, die Künstlerin, die ausstellte, das war seine Freundin. Die kam alle fünf Minuten zu uns, um die Lage zu checken. Ich fand sie ein bisschen garstig. Ich steckte ihm dann meine Nummer zu. »Kannst mich ja anrufen, wenn die Luft rein ist.« Ich war noch nicht zur Tür draußen, da rief er mich schon an. »Du, Claudia, hier ist langweilig.« Ein Mann aus dem Hochadel.

Wir hatten dann eine Weile was. Und in Köln quartierte er mich mal für eine Woche in einem Luxushotel ein, damit wir ne längere Zeit zusammen verbringen. Da hatte ich eine Suite mit Pool und konnte auf den Rhein gucken. Tagsüber war er ja im Job und ich lernte zufällig im Hotelrestaurant einen jungen Typen kennen, mit dem die Chemie auch auf Anhieb stimmte. Ich mach's kurz: Ich kam jedenfalls mit den Verabredungen in den Tüdel. Also kam Graf von und zu erst mal für eine Runde in die Suite und als der sich gerade die Hose hochzog, klopfte es an der Tür. Ich war voll mit Champagner und hatte bereits die Muttersprache verloren, daher nachvollziehbar, dass ich nicht mehr wusste, dass das die Verabredung war, die ich mit dem jungen Typ hatte. Unter dem Einfluss von 2,9 Promille, dachte ich an Room Service oder so, mache auf – und in der Sekunde wo ich denke: »Fehler«, ist es dann auch schon passiert – der eine hatte die Hose auf Halbmast und fast wieder oben, der andere war so gut wie ready to go und hatte seine Hose bereits in den Kniekehlen. Und dann der Jüngere: »Papa?« Und der Ältere: »Philipp, wir sprechen uns nachher.« Ich hatte was mit dem Vater und wollte auch den Sohn. Vater und Sohn sind dann gegangen.

Ich hatte es aber nicht nur mit Millionären und irgendwelchen Lordchen. Denn wahre Lust kennt kein Kalkül. Wenn einer reinkommt und ich muss schwer atmen und krieg spontane Schwummeritis, dann fang ich auch was mit dem an – und wenn es der Kurier ist – is mir wurscht. Ich hab da gar keine Dünkel.

Beispiel aus der Praxis: Claudi hat einen netten Abend in ihrem Stammlokal, dem berühmten Fischereihafen Restaurant in Hamburg. Achtung: unbezahlte Werbung. Jedenfalls war ich da mit Freunden, alle hatten getrunken – also schnappte sich jeder ein Taxi. Ich auch. »Tschüüüsssikowski, man sieht sich, war herrlich.« Steige ein und denke: »Holla der Schah.« Also mehr der Sohn vom Schah von Persien, den es ja auch schon lange nicht mehr gibt. So ein Erol-Sander-Typ, dann wisst ihr Bescheid, der hat ja den Schah gespielt. Ich stammelte was von »Eppendorf«. Hab ihn vom Hafen bis nach Hause schwerstens beflirtet – der hatte echt den Exotenbonus. Ich fand's toll. Wenn man das so schreibt, weiß man schon gar nicht mehr, ob das politisch korrekt ist, jemanden cool zu finden, der einfach ein bestimmter Typ aus einer bestimmten Gegend dieser Welt ist – und dass man das scharf findet. Also wenn ihr es hier noch exakt so lesen könnt, wie ich es geschrieben habe, dann ging es im Lektorat durch. Danke, liebe Lektorin. Und ich grüße alle Iraner und Iranerinnen – schöne Landsleute seid ihr. Ja.

Es kam also, wie es kommen musste: »Willst du noch auf einen Kaffee hochkommen?« – »Ja gern, aber ich habe nicht so lange

Zeit.« Is doch kein Problem, wenn du Zeit hast, machen wir Liebe lang und schön, wenn du nur wenig Zeit hast dann nur einen Quickie. In dem Falle Letzteres.

Mit ihm hatte ich ne ganze Weile was am Laufen. Ja, das war so ein halbes Jahr. Er hat Landkarten gesammelt, von Persien, vom Iran – deshalb könnte ich jetzt blind die Landkarte des Irans nachzeichnen, so oft hab ich mir die mit ihm angesehen. Er war sehr gebildet, studierte, fuhr nebenbei halt Taxi. Bedauerlicherweise sagte er irgendwann mal einen Satz, in dem diese drei Worte vorkamen: »Heiraten.« Und: »Kinder kriegen.« Da musste ich unter einem Vorwand abtauchen. Er war mehr so Marke Nestbau – und ich gehöre ja zur Gattung Nestflüchter, passte halt nicht. Wenn er nicht so sehr auf trautes Heim gedrängt hätte, dann wäre das noch ein Weilchen so weitergegangen.

Kapitel 15
Warum ich Mel Gibson meinen berühmtesten Spruch verdanke

Mein berühmtester Spruch ist ja »When I fuck, I fuck«. Schön in meinem breiten, gedehnten badischen Dialekt. Deshalb kommt der Spruch ja auch so gut, dieses »wie kann man nur fuck sagen – fuck« gepaart mit diesem provinziellen Slang. Aber, den hat sich nicht die unmöööööögliche Obert ausgedacht – sondern, der wahre Hintergrund des Spruchs, seine Entstehung, ist so gut, dass er tatsächlich auch mein Lebensmotto wurde. Und das war so:

Ich war auf einer Filmparty in Berlin eingeladen. Das war ne alte Connection, weil ich in meiner Sekretärinnenzeit auch mal bei einer der großen Filmfirmen gejobbt hab. Mit dem Boss hatte ich auch was, deshalb galt nach meinem Ausscheiden: »Wie du wirst gegangen, so wirst du empfangen.« Bedeutet, war eine coole Zeit bei der Hollywood-Dependance in Germany, man blieb in Kontakt und so flatterte mir immer mal eine der heiß begehrten Einladungen zu Kinopremieren in den Briefkasten. »Der Patriot – Datum, Uhrzeit, Potsdamer Platz, persönliche Einladung, nicht übertragbar.« Mit der Hand hatte jemand meinen Namen reingeschrieben »für Claudia Obert«. Das war ein ganz ganz großes Ding.

Ich hatte mich im Adlon einquartiert und lernte da an der Bar kurz einen Amerikaner kennen, weil ich noch ein Schnäpschen gekippt hab, bevor ich zum Taxi bin – das war nur so ein klitzekleiner Schnack, der Schnaps und tschüss. Zur Premiere waren Hollywoodstar Mel Gibson und Regisseur Roland Emmerich angereist. Und nachdem 2400 Leute den Film gesehen hatten, ging es auf einer fetten Party weiter. Da kam ich dann tatsächlich Mel Gibson näher – besser gesagt: er mir. Wir flirteten heftig miteinander. Fotobeweis liegt vor und kann im Mittelteil des Buches inspiziert werden. Jedenfalls sehe ich in der Menge den Typ aus dem Adlon. Er war irgendwie Teil der Entourage rund um Mel Gibson und Filmheini aus Beverly Hills. Aus juristischen Gründen nennen wir ihn jetzt einfach mal XY. Das war dann natürlich ganz locker: »Du auch hier ... Zufall ... Wir haben uns doch grad noch ... ja dann Cheers« und so. Jetzt war ich schon ein bisschen in love mit Mel – aber XY war echt lustig. Der gefiel mir auch richtig gut. Ich glaub das Gedränge und Geschiebe rund um Mel nervte irgendwann und so schubberte ich automatisch mehr in die Wohlfühlecke rund um XY und seine Leute.

Als der Filmparty die Luft ausging, hatten XY und ich ja zufällig den gleichen Heimweg, also ab ins Adlon. Ich zu ihm. Dann fingen wir an, es uns nett zu machen und sein Telefon klingelte schon beim Vorspiel. Man denkt ja, das hört vielleicht gleich wieder auf. Aber, der war schon richtig busy. Bei dem war echt schwer bimmelimmelim rund um den Globus angesagt, ohne Rücksicht auf die Zeitzone, in der er sich befand. Er hatte die Ruhe weg, weil er das wohl schon kannte, dass ihn ständig jemand an die Strippe kriegen wollte. Aber als wir dann richtig rummachten, da nervte mich das Klingeln echt tierisch, konnte mich gar nicht mehr konzentrieren. Ich sag zu ihm: »Willste jetzt nicht doch mal rangehen? Do you want to pick up the phone – I mean the bimmelimmelim is a little bit nervig and kills my Stimmung in the bed.«

Da guckt er mich ganz ernst an, hält eine Sekunde inne: »When I fuck, I fuck!« Sprach's und knattert weiter. Das wurde einer meiner größten Sprüche – und er hat recht: Wenn ich etwas mache, dann mache ich es richtig, dann lasse ich mich nicht ablenken. Das ist auf jeden Fall auch mein Motto.

So, und dann war da noch der geniale Typ, der mir im Hotel de Paris in Monaco mal ohne Ansage einen richtig teuren La-Perla-Slip vom Körper gerissen hat und in einem Schwung aus dem Fenster geworfen hat. Zack. Das war so ein limitiertes Teil mit Glitzersteinchen und Schleifchen für 500 Euro. In hohem Bogen aus dem Fenster raus, zum Casinoplatz hin. Ich hab kurz rausgeguckt und da hing er im Gebüsch. Der Verlag meint, mit heißen Nümmerchen wär's jetzt gut – aber ich wollte das nur mal erwähnen, falls ihr in Monaco seid, der hängt da garantiert noch und war neu, praktisch ungetragen. Finderlohn: 100 Euro. Könnt ihr im Laden abgeben, in Hamburg oder Berlin.

Kapitel 16
Meine größten Flops mit dem männlichen Geschlecht

Es is ja so: Man kann ja nicht nur erzählen, wie toll alles war und wie rabenrattengeil und von einem Höhepunkt zum Nächsten. In 60 Lebensjahren ging schließlich auch so mancher Schuss daneben.

Ich hab mal mit ein paar Freundinnen alljährlich an einem Mädelsabend das Spiel gespielt »jede erzählt über den schlechtesten Sex, den sie je hatte«. Ich sag euch: erschütternd. Alles sehr glaubwürdige Frauen, nicht zu fassen, was du alles mit Männern erleben kannst – und die Hengste denken, egal wie sie performen, egal wie peinlich, egal wie absolut unmöglich, man steckt ihnen in jedem Fall nach dem Geschlechtsverkehr eine schöne Turnierschleife, so ne Satin-Rosette an den Arsch. Ja, die Krönung der Schöpfung halt.

»Meiner schrie beim Orgasmus immer Yippie Yah Yeah!« Erzählte seinerzeit Susanne, die als Ärztin am Hamburger Marienkrankenhaus arbeitet. Und die Mädelsrunde spuckte vor Lachen die Drinks quer über den Tisch. Welche Frau würde jemals beim Orgasmus »Yippie Yah Yeah« rufen? Selbstzweifel sind nur was für Frauen.

Hier also meine Storys, die ich im einen oder anderen Jahr auf unseren Mädelsabenden unter großem Gegröhle zum Besten gab. Es war kurz vor Weihnachten, in der Anfangszeit meiner Selbstständigkeit, als ich damals mit den Schuhen anfing. Mir fehlten 25 000 Mark in der Kasse und ich hatte ein paar Ladenhüter zu viel rumstehen. Vor allem besonders hochwertige, vielleicht auch zu teure, mit Lammfell. Weiß ich noch wie heute. Na ja – ich mit einem Transporter ab nach München. Mein Plan: Für die Ladys da unten war ich ja News, Geld hamse an der Isar auch, also Transporter vor den Bayrischen Hof fahren und da einen Salon mieten.

Hab ich also gemacht, die Schuhe abgestellt, winterlich war es auch, hat tierisch geschneit. Dann hab ich wieder meine Zettel überall verteilt, damit die Leute am nächsten Tag zum Shoppen kommen konnten. Danach war Claudi aber auch wieder erst mal fällig für einen Drink, also ab an die Bar. Da war ein älterer, offensichtlich feiner Herr, mit dem ich ins Gespräch kam. »Ach, Sie verkaufen Schuhe, das kann ich gar nicht glauben.«

»Doch«, sag ich, »mein Name ist Obert.« Dann hab ich ihm von meinem Problem erzählt, dass ich die Latschen dringend verkaufen muss, um an den Gegenwert von 25 000 zu kommen, weil ich Rechnungen bezahlen musste. Er: »Ich gebe dir die 25 000 Mark«, wir waren dann schon beim »Du«. »Ich schenke dir das Geld, wenn du mit mir nach Sankt Moritz in mein Chalet kommst.« Ich hab dann mal kurz überlegt und bisschen in der Nüsschenschale vor mir rumgerührt und gerechnet. Das Alter des solventen Herrn mal die Kilometer ins Engadin geteilt durch die Tage, die der Aufenthalt dauern würde, zwei im Sinn, plus minus 25 000.

»Das ist ja nicht geschenkt,« wandte ich mich an den agilen, reisefreudigen Senior, »das wären die am sauersten verdienten 25 000 Mark meines Lebens.« Der Barkeeper zu mir, während der Big Spender aufs Klo musste: »Der Typ ist Hunderte Millionen schwer, einer der reichsten von München.«

»Schön für ihn, aber ich hab einen Berg Schuhe, der wegmuss und ich muss in meinem gemieteten Salon noch Schuhe für den anstehenden Verkaufstag auspacken.« Ich war da schon sehr zielstrebig. Wenn ich businessmäßig was geplant hatte, hab ich es auch durchgezogen.

Jedenfalls kam der Typ vom Klo zurück, checkte die Lage und organisierte einen Mitarbeiter des Hotels, gab ihm 100 Mark und sagte, er solle mal schön die Schuhe alle auspacken. Das war okay für mich, hab ich dankend angenommen, denn ich war müde. Darauf noch einen Gin Fizz. Dann wollte er mir ein Schlaflied singen … Ich bin ihn nicht mehr losgeworden, der sitzt da heute noch an der Bar und singt. Geht mal bitte gucken. Obwohl, er war 80, ich knapp 30. Es war ein Debakel. Aber ich ging mit der Erkenntnis ins Bett, lieber verkaufe ich Tag und Nacht Schuhe, als dass ich mit jemandem ins Bett gehe, der den Akt vielleicht nicht mehr überlebt.

Eine aus unserer Mädelstruppe geriet mal aus irgendwelchen Gründen an einen reichlich Älteren, da haben wir auch gut abgelacht, als sie ausgepackt hat, was sie alles machen musste, bevor was läuft. Das sind mehr Handgriffe, als ein Lufthansa-Kapitän vor dem Start eines Airbus A380 vor dem Start ausführt. Jetzt bin ich 60, da kann er auch 80 sein, aber auf die Rumschrauberei hab ich keine Lust.

Jedenfalls, ich hab die Schuhe damals alle an die coolen Münchnerinnen verkloppt. Bin mit dem Transporter und 25 000 Mark wieder nach Hamburg, es war Merry Christmas und insofern doch noch ein Happy End. Jedenfalls für mich.

Nächste Episode: Es ereignete sich der seltene Fall, dass ich so überhaupt keine Lust hatte. Es war vielleicht sogar das einzige Mal in meinem Leben, dass ich keine Lust hatte. Ich hatte den Abend in der damals legendären »Insel« gefeiert, einem Nachtclub, ich sag mal, das »P1« von Hamburg. Ich komm aus dem Laden raus und will mir ein Taxi besorgen. Da sagt ein vermeintlicher Gentleman: »Moin, ich fahr dich nach Hause, oder?« Gut, ich war platt und er zeigte auf einen ziemlichen Schlitten, das schien bequemer, als die Aussicht auf ein verräuchertes Taxi, auf das ich morgens um drei wer weiß wie lange gewartet hätte. Dann ging auch noch ein Megagewitter los und ich dachte, ich bin ein echter Glückspilz, dass ich trocken in dem Jaguar sitze.

Der Typ fährt ein paar Meter, hält auf einem Parkplatz, eh stockdunkle Nacht, dann der Regen wie aus Kübeln, du konntest nicht aus dem Auto rausgucken und nicht reingucken – und da packt er doch tatsächlich seinen Glückspilz aus. »Nix da, fahr mich sofort nach Hause, sonst gibt's Ärger.« Claudi ist wütend, weil einer knattern will. Das ist selten. Tja, der Junge hatte echt Pech. Aber der wusste, ich steig bei dem Unwetter eh nicht aus. Vielleicht hat ihn das angeturnt. Er hat es sich selbst gemacht, ich hab in die imaginäre Weite der Hansestadt geblickt und zwischendurch mal nachgefragt: »Geht's nicht etwas schneller?« Irgendwann war das Ding erledigt und dann hat er mich nach Hause gefahren. Das war einfach verdammt unangenehm.

Eines Tages begegnete ich ihm in Hamburg auf der Straße, mit seiner Frau und einem Kinderwagen. Ich dachte zuerst, den frag ich jetzt, ob er Bock auf einen Blowjob hat. Aber dann hab ich es doch nicht gemacht – man muss nicht Gleiches mit Gleichem vergelten.

Jedenfalls hab ich seitdem immer einen zusammenfaltbaren Regenschirm auf Tasche. Und jaaaaaaaaa, ich weiß, natürlich hätte ich aussteigen müssen. Weiß ich. Logo.

So, einer geht noch: Ich war in einem Hamburger Luxushotel an der Bar und unterhielt mich mit einem ganz netten Typen. Plötzlich sagt er: »Na, heute bisschen das Taschengeld auffrischen?« Meine Antwort: »Das Taschengeld, das ich dafür nehmen würde, das steht Ihnen gar nicht zur Verfügung.« Ich meine, welche Frau würde einen Mann abends an der Bar fragen, ob er sein Taschengeld aufbessern will, weil er da auf einen Drink steht und nett schwätzt? Dann wieder der Typ: »Ich denke schon, dass ich über die Mittel verfüge, aber die Frage ist, ob man es für Sie ausgeben will?« Der war so kackfrech. Ich dachte, den kauf ich mir, ich wusste zwar noch nicht wie – aber den wollte ich foppen. Das ging so hin und her, nett, frech, nett, frech. Dann spendierte er mir einen Drink. Bisschen typisch für bestimmte Männer, wenn sie Frauen respektlos behandeln können, das lieben sie. Ist ein ganz bestimmter Schlag. Im Job, im Sport, im Freundeskreis, an der Bar. Das sind entweder so Dauerjunggesellen, die der Meinung sind, Frauen sind alles Nutten, die wollen nur ans Geld, oder es sind oft auch Ehemänner, die zu Hause gar nicht so viel zu sagen haben, die ziehen dann los und lassen den Frust an den Frauen aus, die ihnen grad so zwischen die Finger kommen.

Ich tüdel also weiter mit dem Typen rum, ich hatte ja einen Plan. Bisschen scherzen, bisschen schäkern. Er: »Jetzt auf die Suite?« Ich: »Für wie viel? Für 1000 Mark?« Er hatte so einen goldenen Schreiber dabei, mit dem er gerade die Rechnung unterschreiben wollte. Ich sach: »Geh du schon mal vor, damit es nicht so auffällt, den Kugelschreiber nehm ich als Anzahlung.« Er mit maximaler Vorfreude: »Supi.«

Und ich bin dann schön mit meinem goldenen Stift sitzengeblieben und hab überhaupt keine Anstalten gemacht, hochzugehen. Eine dreiviertel Stunde später kommt der Typ wütend runter und stampft in die Bar. Macht einen Alarm und schnauzt mich an. Ich hatte zwischenzeitlich auch drei Drinks mehr intus und war dementsprechend auch mutiger. Als er mich so richtig zusammenfalten wollte, hab ich ihm mit voller, flacher Hand ein paar geklebt. Das war ja eh längst überfällig, seit er mich angesprochen hatte. Dann ein Tohuwabohu wie nach einem Boxkampf, wenn nach einem umstrittenen Urteil Stühle fliegen und alle aufeinander eindreschen, dazwischen ein Barkeeper, der sich einen Sektkübel zum Schutz über den Kopf gestülpt hatte und nur noch schrie: »Das ist keine Nutte, das ist Frau Obert.« Zwischenzeitlich kam Verstärkung von der Rezeption und der Frauenverächter, der das ganze Chaos ausgelöst hatte, war selbst hochgeschätzter Stammgast.

Ich hab dann die Kurve gekratzt. »Darf ich den Kuli behalten?« und wurde zum Ausgang begleitet, durfte ein paar Wochen nicht mehr an die Bar und hatte Hausverbot. Mit der Story schaffte ich es auf die Klatschseiten eines Hamburger Lokalblättchens. War nicht sooooo gelungen der Abend.

Besser war der Abend, wo ich so doll abgefeiert hab, dass ich zum Ausnüchtern auf der berühmten Hamburger Davidwache, auf der Reeperbahn, gelandet bin. Das wäre auch ne geile Story, wenn ich mich doch bloß erinnern könnte. Leider Filmriss. Wenn sie mir wieder einfällt, erzähl ich die noch auf Instagram. Liefer ich nach.

Ach, und jetzt muss ich euch noch schnell mit auf die Bahamas mitnehmen, da hatte ich den totalen *coup de foudre* – das is nix Versautes – einfach nur Französisch für: Liebe auf den ersten Blick. Was bei mir halt so »Liebe auf den ersten Blick« ist. Da war ich 32 und hatte seit zwei Jahren fast rund um die Uhr geackert. Die Geschäfte liefen gut, deshalb hatte ich mir einen fetten Urlaub verdient. Damals hieß das für Claudi Cocktails unter Palmen und noch nicht Promis unter Palmen.

Schon auf dem Flug feierte ich mit einem Rapper ab, der hatte mich aus der Business zu sich in die Erste Klasse geholt. Ich sach: »Hab ein Geschäft gegründet – echt viel Arbeit, brauche Urlaub und 1000 High Heels laufen nicht so, hab ein scheiß Model eingekauft, muss mich erst mal erholen.«

»Plop« ging das nächste Fläschchen auf. Und er: »Fuck the business and start another one, cheers.« Solche Leute haben mir immer Laune gemacht, nach dem Motto: Pfeif drauf, schnuppe, verschieb die Sorgen einfach auf morgen.

Kurz vor der Landung ging der Crew der Schampus aus. Fing ja vielversprechend an, mein Trip. Ich hatte mich in einen edlen Ferienclub eingemietet, wo sportlich alles ging. Tauchen, Surfen, Golfen, Schnorcheln, Tennis – und: knattern, wie sich bald herausstellen sollte.

Gleich am ersten Tag fiel mir am Strand beim Beach-Volleyball ein echter 1-A-Rasse-Frosch auf, der offensichtlich mit seinen beiden Brüdern und den Eltern Urlaub machte. Top Family aus Boston, wie sich herausstellte. Er hochintelligent, Absolvent Elite-Uni, Eishockeyspieler. Ben. Der war richtig *outstanding*. Die Fotos hab ich heute noch.

Jedenfalls gab's da ständig irgendwelche Wettkämpfe – zum Beispiel Staffelschwimmen. Ich war in deren Team, die Brüder legten los, wir führten, dann kam Claudi die alte Bleiente und wir lagen hinten. Mark war so ein Wahnsinnssportler, der hat uns rausgerissen und wir haben gewonnen. Fand ich natürlich sexy. Und er verknallte sich in eine Bleiente. Why not? Das waren zwei Traumwochen auf den Bahamas mit Urlaubssex wie aus dem Katalog. Er war so ein Ryan-O'Neal-Typ. Der konnte echt alles.

Danach haben wir uns geschrieben. Also Briefe, so mit Umschlag und Briefmarke drauf und dann war der Love Letter aus Germany Richtung USA zwei bis drei Wochen unterwegs. Man kann's echt nicht glauben – und das Ganze auch in retour.

Ich besuchte ihn dann mal in Boston, wo er mit drei anderen Studenten in einem Haus lebte. Das war schön und aufregend und spannend und besonders – aber die Urlaubsliebe überlebte, wie so oft, die Entfernung nicht. In unserem Fall rund 6000 Kilometer Hamburg-Boston. Ja, so was läuft dann langsam aus. Die Abstände zwischen den Briefen werden länger, bis keiner mehr kommt. Und während ich im Laden weiter Gas gegeben habe, war Ben ja auf der Karriereleiter unterwegs.

Vor gut zwei Jahren komm ich morgens aus meinem Hamam ins Büro, guck mir meine E-Mails an, da seh ich im Posteingang was mit »Ben«. Puh, kennt ihr das, wenn du schlagartig Herzrasen bekommst, gepaart mit »Ich glaub, ich muss auf Klo!«? So war das. Ich denk: Ne – der Ben, nicht wahr.

»Hi Love, how are you? I will be in Germany tomorrow, near Heidelberg, do you have time?«

Ich hab sie mir genommen und die Geschäftstermine, die ich hatte, ganz schnell durchgezogen und dann ab nach Heidelberg. Am Treffpunkt sind wir uns in die Arme gefallen und Ben meinte: »You still have an impact on me.« Er war immer noch scharf auf seine kleine Bleiente. Und er sah immer noch mega aus. Inzwischen Vorstand in einem Riesenladen, Millionär, verheiratet – und selbst inzwischen drei Söhne. Wir waren essen und sind dann ins Hotel, da hatte er zwei Zimmer gebucht. »Du musst nicht bei mir übernachten.« Ich: »Ne klar, muss nicht, aber ich will.«

Ich wollte 26 Jahre später mit dem gleichen Mann ins Bett. Aber leider war es nicht mehr so prickelnd. Da war kein Big Ben mehr. Vom Sympathiefaktor her war das alles noch toll, aber sexuell war das nicht mehr Note 1. Eher so ne schlaffe drei minus. Noch keine vier – aber so ne lauwarme drei minus. Er meinte, er hätte seine Frau noch nie betrogen, keine Geliebte. Ich sei nun das erste Delikt.

Aber Leute, ihr könnt die Bahamas nicht nach Heidelberg holen. Wenn du kalte Bratkartoffeln noch mal anbrätst, kleben sie in der Pfanne – das is auch nix. So eine alte Liebe aufwärmen, da rate ich ab. Einmal und nie wieder. Es war eine Erfahrung, die ich mir hätte sparen können.

So, und dann gab's da noch diesen »Spezialfall«. Einen Härtefall sozusagen. Mein übelster Fall. Und es ging hier nicht um schlechten Sex. Nein, es war viel schlimmer. Wie so oft im Leben, fangen die größten Probleme ganz harmlos an. Ganz unauffällig und unbemerkt schleichen sie sich in dein Leben.

Ich sollte ja schon oft verkuppelt werden. Immer wieder über die Jahre sagten Freunde: »Claudi, Schluss mit dem Lotterleben, du hast ja so viel gevögelt, das geht ja auf keine Kuhhaut, du brauchst jetzt mal einen echten Partner. Einer, bei dem dir das Herz in die Hose rutscht und du nicht gleich wieder an seine Hose willst.« Da kam aber nie was rum. Im besten Fall eine meiner zahllosen Nümmerchen.

Es ist ja so: Meine Freundinnen und Freunde, die wissen, wie ich bin, wie ich ticke – und die nehmen mich so, wie ich bin. Wenn ich mal ganz drüber bin, dann sagen die mir das auch, ansonsten wissen sie: Claudia ist einfach anders als andere Kinder. Und manch einer hat halt auch schon längst aufgegeben, mir noch gute Ratschläge zu geben. Sie sehen ja, dass ich so glücklich bin, wie ich lebe – und gut. Manch einer ist aber hartnäckig und bleibt dran, so wie meine Freundin Luise.

Es war ein lauschiger Abend auf Ibiza, als wir auf ihrer Terrasse saßen, denn Luise hat ein tolles Haus auf der Insel. Unser Thema, wie so oft: Männer. Luise ist zweimal geschieden, gibt aber die Hoffnung nicht auf, sie bleibt dran und sagt: Der Richtige kommt noch, aber man muss sich tummeln und auf dem Markt präsent sein, als Frau die Sache selbst in die Hand nehmen, nicht warten, bis einer auf nem weißen Pferd angeritten kommt. Ich sach: »Mir schreiben, ständig Typen auf Instagram. Und kommt sogar vor, dass einer meine Nummer irgendwie rausbekommen hat. Dick-Pics kommen auch.« Und Luise: »Zeig mal.«

Sie hat dann mal gesichtet, was da so an Männermaterial bei mir aufgelaufen war. Kommentare waren dann: »Och nö ne«, »Hm ja, ne, oder?«, »So groß? Hui!«, »Ach du Scheiße«, »So klein?«, »Nicht dein Ernst«, aber auch: »Oh Gott«, »Süß« – und eben: »Claudia, der sieht aber gut aus, den triffst du, aber jetzt mal Nägel mit Köpfen, ganz patenter Mann ist das und er schreibt so nett.« Ich sach: »Ich weiß nich, welchen meinst du?«

Da hingen wir dann über dem Foto eines Typen, der eine Glatze hatte, aber nicht so schlecht aussah. Eine von uns versuchte ständig, mit Daumen und Zeigefinger das Bild zu vergrößern, in der Hoffnung, noch irgendein aussagekräftiges Detail zu erspähen.

»Ein Mannsbild, gib's zu Claudi, sieht aus, wie einer, der im Leben steht.«

Jedenfalls schrieb Luise dem Typ einfach eine Nachricht, bevor ich ihr das Handy wieder wegnehmen konnte. »Lass uns treffen.« Pling – weg war die Nachricht. Dann schrieb er zurück bla bla blubb, aber am nächsten Tag war im Himmel auch schon wieder Jahrmarkt und im Beachclub die Hölle los – und überhaupt: Was interessiert mich mein Geschwätz von gestern?

Wochen und Monate vergehen, ich hatte den Jungen gar nicht mehr auf dem Schirm, fliege nach München und daddel am Handy rum. Airport Langeweile. Daddel daddel. Bisschen Nachrichten und E-Mails löschen. Und da taucht er dann irgendwann auf, samt Bild. Und so mit Abstand denke ich: Is ein Frauentyp, hat gute Ausstrahlung, super Beine, gut gebräunt und, das hatte ich bis dahin gar nicht geschnallt, er kam aus München.

»Also ich wär dann jetzt doch für ein Treffen bereit, bin auf dem Weg in die bayrische Landeshauptstadt. Wollen wir zusammen Weißwürste zutzeln?« Pling.

Sekunden später: Pling. »Sehr gern. Zutzeln ist eine hervorragende Idee.«

»Meld mich, wenn ich gelandet bin.« Pling.

Er hieß Peter und so hab ich ihn erst mal im Handy gespeichert. Nach der Ankunft rief ich ihn an. »The eagle has landet.« Er schlug vor, dass wir uns sofort treffen. Aber ihr wisst ja, wenn ich nicht gestylt bin, ungeschminkt seh ich aus wie ein Wischmopp, geht da nix. In voller Montur kann ich Filmstar.

Ich hab dann in meinem Stammhotel, im Bayrischen Hof, eingecheckt und zur Feier des Tages ein Upgrade in eine fette Suite bekommen. Als hätten die gewusst, dass bei Claudi was läuft.

Am nächsten Tag hab ich erst meinen Job gemacht, dann zum Friseur und anschließend hungrig zum Treffpunkt ins Spatenhaus. Weißwürste zutzeln, wie geplant. Samt den Hugos hat er das alles bezahlt. Später hat er mir gestanden, dass das sein aller-, aller-, allerletztes Geld war, was er überhaupt noch hatte, die allerletzten Taler waren das. Und mehr als Weißwurst hätte das dann auch nicht sein dürfen. Der war so pleite, so blank, der war so platt, den hättest du unter jeder Tür durchschieben können. Wenn er mir das an Ort und Stelle gesagt hätte, dann hätte ich ihn nicht mehr mit in die Suite genommen. So aber führte er sich ziemlich weltmännisch auf. Das ganze Programm mit Tür aufhalten und so.

Das war nett und flirty und er bemühte sich um mich – es war ein echt gutes Date. Und so landeten wir bei mir in der Suite auf einen Schampääääääign. Aus dem einen wurden zwei – das Übliche halt. Im Nachhinein ist mir klar, der hat das sofort gecheckt: Die wohnt teuer, die macht in Fernsehen, da is Pulver hinter. Die Nacht war auch fein, es bahnte sich mehr an.

Ich schrieb erst mal meiner Freundin Luise eine Nachricht nach Ibiza: »Guter Riecher, Bingo.« Pling.

Peter wollte mich in Hamburg besuchen und rückte mit der Sprache raus: »Ich hab kein Geld, hab Mist gebaut.« Die typische Mischung halt aus offenen Rechnungen und fehlenden Einnahmen. Er hatte jahrelang über seine Verhältnisse gelebt und jedenfalls nicht das Gretel-Prinzip angewandt, siehe Kapitel 11. Ich war selbst in meinem Leben auch schon knapp bei Kasse, weil alles schieflief. Wenn einer kein Geld hat, den ich aber mag, dann ist das für mich kein Problem, kein Ausschlusskriterium, wirklich nicht, also, deshalb lehne ich niemandem ab. Das hab ich ihm auch gesagt.

Peter fühlte sich plötzlich geliebt und geborgen und sagte das nicht nur, sondern er knuddelte und busselte und knatterte sich immer tiefer in mein Leben. Sehr anhänglich das Kerlchen.

Nach ein paar Tagen in Hamburg meinte er: »Warum nimmst du nicht eine Wohnung in Berlin, schließlich ist da dein zweiter Laden, dann können wir doch auch mal öfter in Berlin sein, ich kenne da mehr Leute als in Hamburg.« Und dann wieder küssen, umarmen, in die Luft heben. »Das wäre doch toll, Claudi.«

Ich geh also tatsächlich los und miete von einer Freundin eine Wohnung am Kudamm für 2800 Euro im Monat. Peter kommt rein: »Oh, die ist aber klein, du brauchst was Größeres.« Eine 140-Quadratmeter-Wohnung in bester Lage, top eingerichtet. Und das war nix für Pleite-Peter?

Dann kamen wir an einem Autohaus vorbei und Peter hatte einen neuen Wunsch: ein Auto. Bei Peter war jeden Tag Weihnachten und Claudi war der Weihnachtsmann. Ich hab den ganzen Tag gearbeitet – Peter war im Solarium. Die Bräune, die er pflegte, war nämlich fake, so wie sein Ansinnen. Aber, das ist ja die tückische Nummer an Gefühlen, sie verschleiern dir den Blick. Ich hab ihm ne fette Karre gemietet – so helle war ich wenigstens, dass ich nicht gleich einen Porsche gekauft hab.

Auf der einen Seite tat er alles für mich, schenkte mir extrem viel Aufmerksamkeit, war der perfekte Partner und Liebhaber und gleichzeitig wollte er mich immer mehr dominieren. Fast dressieren. Immer wieder kam Druck von ihm, dann wieder Liebe, dann wieder abwerten. Sodass ich extrem glücklich war, in den Momenten, wo ich ihm gefiel, wo er mir guttat.

»Wie siehst du denn wieder aus? Du lässt dich gehen, gib dir mal mehr Mühe.« Ich saß gemütlich in einer Jogginghose und Pulli auf dem Sofa, war platt vom Job im Laden. Und Peter stand fast drohend vor mir: »Zieh dir wenigstens High Heels an.« Mal war ich ihm nicht chic genug, mal nicht frisiert genug. »Du hast einen Modeladen und siehst aus wie ein Penner.« Er wurde immer despektierlicher, wurde immer beleidigender, nur, um fünf Minuten später die ganz große Liebesnummer abzuziehen. Das war schon Psychoterror. Aber wenn man da drinhängt, dann merkt man das nicht, ich hab den Fehler nur bei mir gesucht. Das war die einzige Phase in meinem Leben, wo mich ein Mann echt fertig gemacht hat. Und gleichzeitig hab ich alles bezahlt. Wollte es ihm immer recht machen. Er hat mich regelrecht manipuliert.

Er hat dann irgendwas mit Kryptowährung gemacht. Wollte über meine Freunde Anleger aquirieren. »Wollen wir nicht mal ne Woche nach Ibiza, Luise besuchen?«, schlug ich ihm vor. »Würde ich gern, aber ich hab kein Geld.« Ich hab uns dann die Flüge bezahlt, ein Haus gemietet. Vor Ort meinte er dann: »Ist doch doof, wenn du bezahlst, gib mir lieber das Geld und ich übernehme das, sieht besser aus.« Ich hab ihm dann Tausende von Euro gegeben – und damit hat er dann den dicken Peter markiert.

Immer wenn wir mit Freunden beim Essen waren und die Rechnungen kamen, mal 2000 Euro, mal 1500 Euro, mal 3000 Euro, wollte er sie begleichen. »Die Rechnung zu mir, ich lade euch alle ein.« In der Rolle gefiel er sich. Und meine Freunde waren total begeistert, was für einen großzügigen Typen ich habe. »Da hast du aber mal einen Fang gemacht.«

Und seine Ideen, wie er auf meine Kosten sein Leben gestalten könnte, die wurden immer großspuriger, ein Haus im Berliner Grunewald wäre nett, ein Penthouse in Hamburg. Und überhaupt, warum nicht ne Bude auf Ibiza? »Du hast doch schon mal einen Privatjet gemietet?« Ich hab irgendwann nur noch wie hypnotisiert »Ja« gesagt.

Doch bevor das alles konkret werden konnte, stand das Thema Beauty-OP an. Das war Ende 2019, Anfang 2020. Da hab ich halt überlegt, von wegen Schlupflider und Lippen und so. Und da ging's dann richtig ab. »Soll ich dir mal sagen, was ich an dir alles scheiße finde? Das fängt bei den Haaren an und hört bei den Füßen auf.« Der rannte um mich rum wie der Chef im Ring, hatte selbst nichts zu bieten und machte mich brutal nieder. Ich kann mir nur vorstellen, wie viele Frauen so einen Despoten am Fell haben. Wo du dann schon emotional abhängig bist. Und dann die Freunde ... was sollen die denn bloß denken, ach ist das alles peiiiiiiiinlich.

Gerettet hat mich mein oberstes Lebensprinzip, das da lautet: »Nichts ist peinlich, gar nichts.« Noch bevor er sich über meinen Po und meine Brüste auslassen konnte, hab ich ihm gesagt, er soll alles, was er hat in eine Plastiktüte packen und Land gewinnen.

»Und dann ist da noch dein scheiß Dialekt, der nervt noch mehr als deine Titten.«

In astreinem Hochdeutsch hab ich geantwortet: »Peter. Ich geh jetzt unters Messer – aber nicht mehr für dich. Danke für deine Anregungen und alles Gute noch. Wünsche dir ein schönes Leben.«

Als die Tür endlich ins Schloss fiel, hab ich erst meinen Schönheitschirurgen angerufen und dann Luise.

Kapitel 17
Einmal Schamlippen in den Nacken tackern

»Büro Professor Doktor Straffraffsaugzurrtackerschnippel, guten Tag.«

»Ja, halloooo, Grüße an den Doktor, seine alte Freundin hier, Claudia Obert – die Betonung liegt auf alt.«

Ich lag auf meinem Sofa in Hamburg und hatte es wirklich getan. Ich hatte meinen Schönheitschirurgen angerufen. Lange geplant, lange gezögert, immer wieder hab ich die Idee über den Haufen geworfen: Claudi unterm Messer: »Bitte einmal das Fell hinter die Ohren ziehen.« Denn die Schwerkraft hat's echt auf mich abgesehen. Flug zum Mars? Ab ins All, sieht man in der Schwerelosigkeit jünger aus? Bestimmt. Aber auf Mutter Erde ist mein Fleisch schwach, gibt nach wie ein ausgeleiertes Gummiband.

»Hallo Claudia, wie geht's?«

Ich sach: »Alles hängt, nur das Zahnfleisch geht hoch.«

Mein Beauty-Doc ist ein »alter« Freund von mir, der am Universitätskrankenhaus in Hamburg arbeitete, während ich meinen Laden 1990 aufbaute. Der kennt meine Brüste noch, als sie kleine feste juicy Mangos waren. Also ein wirklich – ja – äh, »alter« Bekannter von mir. Weggefährte, Vertrauter. Freund, den ich überhaupt schon immer angerufen hab, wenn die Nase lief oder der kleine Zeh gebrochen war. Inzwischen ist er plastischer Chirurg.

»Warum soll ich aussehen wie ein Faltenrock, wenn ich dich hab.«

»Recht hast du, meine Damen werden mit dir die Termine abstimmen, ich muss wieder in den OP.«

Ein paar Wochen vorher hatte ich den Doktor samt Familie im Fischereihafen Restaurant in Hamburg getroffen und mir mal glasklar erklären lassen, warum ich überhaupt altere. Der Meister des Skalpells fand deutlich Worte und schenkte mir zur Seezunge sozusagen Vino Bianco ein: »Schon ab 25 wird die Haut weniger durchblutet – also weniger Sauerstoff- und Nährstofftransport im Blut = geringere Zellerneuerung.« Ich sach: »Huch. Da hab ich aber eigentlich schwerstens gegen angearbeitet, denn ich hab so was von geknattert, jahrelang, das durchblutet ja schon sehr. Seit ich 15 bin, bin ich so was von durchblutet.«

»Ja, Sex ist zwar ein Anti-Aging-Mittel sozusagen, stoppt diese Prozesse aber nicht.«

Für solche Fälle habe ich immer eine Studie auf Tasche, vom Neuropsychologen David Weeks. Ein Zeitungsausschnitt, der schon ziemlich angegrabbelt aussieht, so oft hab ich ihn schon verschiedenen Leuten unter die Nase gehalten. »Zehn Jahre jünger durch Sex,« so stand es mal irgendwo – und das hatte ich dann sofort rausgerissen, als ich es las. Man soll mindestens dreimal pro Woche Sex haben, um jünger auszusehen. Royal Edinburgh Hospital. Eine späte Würdigung meines wilden Lebensstils. Hatte ich also doch alles richtig gemacht. Und von wegen dreimal die Woche: Manchmal dreimal am Tag! Jawollllinger, weil's schee macht! Wer ordentlich vögelt, »baut Stresshormone ab und Vitalstoffe werden besser aufgenommen, das wirkt sich positiv auf die Gesundheit aus«. Ich hab es schwarz auf weiß. Klitzeklitzekleine Einschränkung: Das funktioniert angeblich nur in festen Beziehungen. Aber ich sage mir:

Woher sollen die Hormone wissen, ob der Kerl auf mir brandneu ist oder eine Altlast?

»Regelmäßiger Sex senkt den Blutdruck und macht schlank«, las ich also meinem Arzt und den anderen am Tisch vor. »Nicht so laut, die gucken ja schon alle.« Von den anderen Tischen um uns rum luscherte man tatsächlich interessiert in unsere Richtung. Wenn du über Sex redest, haste Publikum, da stellen sie alle die Lauscher auf. Auftritt Claudi, noch ein bisschen lauter, denn die Sache war ja wichtig: »Kurz vor und während des Orgasmus werden weitere Hormone ausgeschüttet. Dann geht's aber richtig ab.«

»Psssssschhhhhttttttt Claudia, ich bitte dich.« Meinem Doktorkumpel und seiner Frau war es ein bisschen unangenehm, dabei ging es um rein medizinische Zusammenhänge. »Immunstärkende Wirkung von Sex, Killerzellen, Prolaktin … Und Menschen mit aktivem Sexualleben sind auch seltener erkältet als andere. Cheers!«

Der Kellner schenkt nach und fragt: »Echt?« Ich sach: »Und ob, das ist das Ergebnis einer großen Studie. Also ich hab noch Kapazitäten. Prost!«

Eine Riesendiskussion war im Gange – aber vielleicht muss man doch monogam sein, um für Sex mit Alterslosigkeit belohnt zu werden. Denn zweifellos hatte das äußerst aktive Sexleben bei mir in der Form ja nicht durchgeschlagen. Ich seh nun wirklich keinen Tag jünger als 60 aus. Ich bin 60 und ich sehe aus wie 60.

Und mein Schönheitschirurg war ja auch noch gar nicht fertig. »Also – das Altern. Ich fahre fort: Schon ab 35 geben die Talgdrüsen weniger Fett ab und die Haut kann außerdem weniger Feuchtigkeit binden. Kollagen nimmt ab, Haut erscheint weniger glatt und straff. Durch das erschlaffende Bindegewebe gibt's ab dem Alter schon Falten. Das verschlechtert sich ab 45, der Hormonspiegel sinkt, die

Haut wird nun fahler, blasser, dünner – nun sind auch Hals und Dekolleté betroffen.«

Da hab ich mir erst mal einen Schnaps bestellt. Ne zwei. Denn das alles hab ich noch gar nicht bemerkt. Gestern war ich noch knackig und heute bin ich knittrig – wie so ein schrumpelnder Apfel im Zeitraffer. Ich fühl mich natürlich im Kopf und im Schritt noch genauso fit wie mit 30.

Der Beauty-Doc legte nach. »Und ab 55 findet kaum noch Fettproduktion für die Haut statt, Muskelstärke lässt nach, Blutgefäße werden sichtbar, Altersflecken, die Falten werden zu Furchen.«

So viel zur Theorie – in der Praxis sieht das natürlich ganz anders aus, wenn ich mich unter den Promikolleginnen umschaue. Wer hat denn da Altersflecken und Falten wie Furchen? Gesichter so straff, wie gut gestopfte Sofakissen sehe ich da bloß und sage mir: Warum auch nicht? Denn wer akzeptiert schon das, was Mutter Natur da für uns alle vorgesehen hat? Alle wenden sich an Papa Beauty-Doc! Welche Promifrau sieht schon mit 40 wie 40 aus, mit 50 wie 50, mit 60 wie 60 oder mit 70 wie 70? Die drehen doch alle den Tacho zurück, wie der Gebrauchtwagenhändler ne runtergenudelte Schleuder, die noch mal zu einem guten Preis weggehen soll. Ist schummeln, nä? Ja, aber gut geschummelt ist besser als schlecht geschrumpelt.

Die Frauen fangen ja immer früher an, das geht manchmal sogar schon mit 18 los. In den 80ern, als die Schönheitschirurgie in Europa populär wurde, da ging man unters Messer, weil man nur das Alter bekämpfen wollte. Es ging nur darum, jünger auszusehen. Die Frauen hab ich ja noch in Paris damals erlebt. Wenn du das Geld hattest, dann hast du dich rund um die Wechseljahre, also so rund um die 50 operieren lassen.

Dann kam der Boom mit den Brüsten, große Silikonbrüste waren die 90er durch das Ding. Anschließend boomte die Fettabsaugung.

Dann kamen die extremen Lippen. Und schließlich kam der Trend, dass Frauen ganz bewusst künstlich aussehen wollten. Und irgendwann ging das los, dass sich in Hollywood junge Frauen operieren ließen und sich dabei regelrecht ein neues Gesicht kauften. Die Möglichkeiten hatten sich immer weiterentwickelt.

Und mittlerweile ist es eben so: Du magst das Gesicht, das du im Spiegel siehst, nicht? Macht nix, mit Eingriffen wie Augenbrauenlifting und Kinn- und Wangenimplantaten kreierst du mit deinem Doc für ein paar Scheinchen ein neues Ich. Und schleichend hat sich in Deutschland in den letzten 20 bis 30 Jahren doch fast jede prominente Frau optisch verändert – oder? Fast jede kannst du im Netz mit Name XY »vorher/nachher« googeln. Manch eine sieht sich selbst nicht mehr wirklich ähnlich. Das findet mittlerweile so dermaßen breitflächig statt, dass sich keiner mehr wundert. Früher war das doch immer ein Schocker, nach dem Motto: »Boah, hast du die Dings gesehen, meine Güte, diese Lippen.« Oder die Brüste – oder »was hat die mit ihrem Gesicht gemacht?«. Aber wessen künstliches Aussehen wird denn heute noch ernsthaft diskutiert? Ne – wir sind in der operierten Gesellschaft angekommen.

Hinzu kommt dieser schrecklich falsche Applaus auf Instagram. Auf der einen Seite Mobbing und Shitstorm für jeden Hasenfurz. Auf der anderen Seite dieses ständige #hotmama, #yougogirl, #wow, #awesome, #hot, #dugerät. Obwohl die Abgebildete tatsächlich und für alle erkennbar einfach total übertrieben bearbeitet ist – und mit 50 glatt ist wie ein Babypopo, dank drei Litern Botox und Hyaluronsäure und Eigenfett. Statt 600 000 Followern, bräuchte die Promifrau eigentlich nur EINE ehrliche Freundin, die sagt: »Lass gut sein. Ist genug, du siehst schon fast aus wie deine eigene Wachsfigur.«

Ich hab das zufällig mal selbst miterlebt und würde euch total gern den Namen sagen und Klartext reden, aber – geht halt nicht – und mir geht es auch gar nicht um die Entlarvung der Prominenten, sondern um die Beschreibung des Falls, weil er so viel aussagt: Da wurde nämlich die beste Freundin einer Promifrau in Hamburg angesprochen, ob sie denn nicht vielleicht doch mal der XY als Freundin sagen will, dass es too much ist. Die Promifrau, um die es geht, da hat man den Eindruck, dass der Schönheitschirurg längst Rädchen hinterm Ohr eingebaut hat, wo er immer schön noch mal nachziehen kann. Und wenn die so weitermacht, dann hat sie die Schamlippen wirklich bald im Nacken sitzen.

Tja, aber die vermeintlich beste Freundin von ihr, die hat dann aber nicht ihren Job als beste Freundin gemacht, sondern die Frauen verpfiffen, die es echt gut meinten. Sie hat sich dann im Gegenteil sogar noch extra aufgespielt und der Promifrau XY erzählt, wie super sie eigentlich aussieht und lapidar gemeint: »Die anderen sind doch eh nur neidisch.«

Da muss ich sowieso grad noch mal einhaken: Vorsicht bei der angeblich »besten Freundin«. Ich hab es oft genug im Laden miterlebt. Zwei Freundinnen kommen. Gucken sich um und probieren was an. Jedenfalls sieht die eine in einem Kleid echt Hammer aus. Richtig, richtig toll. Andere Kunden bleiben stehen, gucken, fragen, ob es das Kleid auch in der einen oder anderen Größe gibt. Die Frau ist geschmeichelt, dreht sich happy vorm Spiegel, strahlt. »Alsoooo ich weiß niiiicht. Die Länge. Oder die Farbe – ich glaub, die Farbe ist nichts für dich«, sagt die allerbeste Freundin.

So: Die Kundin ist verunsichert, weil wenn die allerallerbeste Freundin das sagt? »Steht dir nicht, ich will da gaaaaaaanz ehrlich sein, das bist nicht du.« Die Kundin zieht das Kleid aus, nimmt was anderes oder nichts und geht mit der allerallerbesten Freundin aus dem Laden. Zwei Stunden später tritt mich dann ein Pferd. »Frau Oooooobert, ich bin's noch mal schnell.« Da ist sie also wieder, die allerallerallerbeste Freundin, nun allein. »Das Kleid, das von eben, das nehme ich.« Aha. Soso. »Wollen Sie das Ihrer Freundin schenken? Soll ich es als Geschenk verpacken?« – »Nein, danke, das ist für mich.« So viel zur allerallerallerbesten Freundin. Wenn ich mir vorstelle, dass das böse Frettchen auch noch Beautytipps gibt, die schwatzt dir doch glatt vor Boshaftigkeit noch eine Hasenscharte auf.

Also: Mir war klar, da muss ich allein durch. Das ist mein Ding. Ich muss mich umhören, recherchieren, mich fragen, was ich will, denn offenbar verändert, verschiebt sich beim Thema Schönheit die eigene Wahrnehmung, man wird wohl süchtig nach den Eingriffen. Ähnlich wie bei den Bohnenstangen der Branche, die fressen nix außer tonnenweise Magerquark. Das gleiche Phänomen, die finden sich schön. Haut- und Knochentanten. Ich esse ein Leberwurstbrötchen, wenn ich Lust habe, das wäre ja noch schöner. Ich esse, was ich will und wann ich will. When I fuck, I fuck, was soll der Quatsch!

Alles Beobachtungen, die mir Angst machten. Denn es ist ja so: Auf die anderen kannst du dich bei dem Thema nicht verlassen. Du kriegst einerseits die Like-Herzchen auf Insta und hintenrum reden alle über deine Raffungen und Straffungen und wie scheiße du eigentlich aussiehst. Kein Wunder, dass so viele Frauen in der Öffentlichkeit, die eigentlich schlau und cool sind, eben doch längst die Grenzen überschritten haben. Weil niemand ehrlich zu Ihnen ist. Das Umfeld weiß, diese Frauen wollen nur den Applaus, nur die Likes. Bei Kritik bist du raus. Sie sehen einfach nicht mehr natürlich, sondern »gemacht« aus. Und leider oft halt schlecht gemacht. Wer sollte ihnen denn schon ehrlich die Meinung sagen? Die Ärzte? Aufpassen: Die betreiben ein Geschäft. Der Wirt schenkt immer nach, auch wenn der Gast längst vier Promille intus hat. Und manche Beauty-Docs legen eben gern noch ein paar Botox-Spritzen nach, auch wenn die Visage längst wie gelähmt aussieht.

Ein Tabu sind die Eingriffe von Botox bis Brust-OP, von Facelift bis Figurstraffung natürlich immer noch. Nur die wenigsten stehen wirklich dazu. Befragt ein Reporter eine Promifrau zum Thema Aussehen, dann sind es immer wieder die gleichen Antworten, die ohne mit der künstlichen Wimper zu zucken, in die Kamera aufgesagt werden: »Viel Schlaf, ich nasche am liebsten Goji-Beeren, mache Yoga, morgens nur heißes Wasser mit Zitrone, Clean Eating, rechtsdrehender Yoghurt und mein Wasser ist bei Vollmond gepflückt.«

Ja, glaubt natürlich alles längst keiner mehr, aber es legt auch niemand den Finger in die frisch operierte Wunde, nach dem Motto: »Das ist doch geschwindelt!« Stillschweigend scheint man sich in der Branche darauf verständigt zu haben, dass Lästern über Beauty-Operationen nicht mehr angesagt ist. Ist ja auch echt schwierig. Welche Frau will im Showgeschäft denn noch ernsthaft was über die gruslige Unterspritzung einer anderen Frau sagen? Weil alle im Glashaus sitzen. Wer soll denn da den ersten Stein werfen?

Auf dem Geburtstag einer Promifrau hieß es letztens schon in der Einladung scherzhaft: »Einzelne Teile von ihr werden heute 40.« Guter, neuer Trick, man gibt bissi Botox zu und lenkt davon ab, dass man längst die Augen geliftet hat. Aber ich erzähle das alles nicht, um zu lästern, deshalb auch keine Namen – sondern, das ist mehr so eine Bestandsaufnahme, was mir in Anbetracht des eigenen Verfalls durch den Kopf ging. Wir stehen alle unter dem gleichen Druck. Wir wollen alle so lange wie möglich aktiv und attraktiv bleiben – uns alle treibt der gleiche Gedanke um. Wir alle wollen dem Alter ein Schnippchen schlagen. In Würde altern – da hat doch keiner mehr Bock drauf.

Mein Problem war einfach: Ich hab echt viel schlecht Gemachtes gesehen. Auf Ibiza lag ne Blondine am Strand, so auf 100 Meter dachtest du, die is ein Schuss, aber je näher man kam, desto deutlicher sah man die Narben, an den Armen entlang, an den Oberschenkeln, das waren alles Abnäher. Die blonden Haare Extensions, falsche Nägel, falsche Brüste, falsche Zähne. Ich hab sie dann an der Bar aus der Nähe gesehen und wir kamen ins Gespräch. Ne Immobilienmaklerin aus Wuppertal, Mitte 60. »Ich hab mich für rund 150 000 Euro komplett renovieren lassen.« Der Mann hatte sie mal wieder nicht für eine Ältere verlassen. Und da fiel ihr auf, dass sie regelmäßig ihr Haus reparieren lässt, ihr Auto in die Werkstatt bringt – und fand es nur logisch, endlich auch selbst zwecks Generalüberholung auf dem OP-Tisch zu landen.

Plausible Geschichte plus ihr kennt ja mein Motto: Soll jeder machen, wie er denkt. Nur bringt es mir ja nix, wenn ich mich großartig operieren lasse und am Ende mit 60 nicht etwa wie 40 oder 50 aussehe – sondern eben wie eine operierte 60-Jährige. Das war mein Gedanke, deshalb hab ich so rotiert und recherchiert.

Und bei vielen Promis hab ich es auch in der Maske gesehen, die OP-Ergebnisse sind nicht so der Knaller, dass du mal eben ungeschminkt zehn Jahre jünger aussiehst. Aber – die schaffen mit den OPs vielleicht noch mal ne gute Grundlage für die Visagisten, um bissi was rauszuholen. Also wollen würde ich schon seit vielleicht zwei Jahren. Das war ja die Zeit, als ich immer bekannter wurde. Aber je mehr ich beim Fernsehen und bei Talkshows rumkam, umso unsicherer wurde ich. Da war ja nicht eine Promifrau, bei der ich gesagt hätte: »Haste mal die Nummer von deinem Schönheitschirurgen?« Ganz ganz wenige Frauen sind »gut gemacht«.

Die haben eher ein Facelift mit dem Skalpell machen lassen als diesen endlosen Marathon, wo dir alle halbe Jahre irgendein Material in die Falten gespritzt wird oder gleich das Fett vom Arsch ins Gesicht. Gesicht im Arsch, wenn immer mehr aufgepolstert und aufgepumpt wird. Dann siehst du nämlich irgendwann wie ein Sofakissen aus, was zu stramm ist, was fast platzt, weil zu viel Füllmaterial drin ist. Das sind diese Ballongesichter mit den viel zu kleinen Augen.

Die Skepsis trieb mich um. Dann lieber Falten als so einen Murks. Was ich übrigens null verstehe, seit ich viele Promimädels auf dem roten Teppich erlebt habe, was die teilweise für unfassbar verkorkste Füße haben. Obenrum bis zum Anschlag bearbeitet, aber untenrum sehen die aus, als seien sie mit einem Brachiosaurier verwandt. Dabei können Orthopäden heutzutage so viel machen. Das wäre mal eine sinnvolle OP, stattdessen lugen Dinokrallen aus den sauteuren Designertretern.

So war ich also gedanklich monatelang an allen möglichen Stellen unterwegs und versuchte, mich schlauzumachen. Wollte ich mich nun tatsächlich mit den bekannten Mitteln verjüngen oder nicht? Im Sommer 2020 führte das Schicksal eine Entscheidung herbei. Ibiza, Marina Botafoch. Ich komme mit ein paar Mädels aus dem Ruhrgebiet am Hafen in Kontakt – passiert mir ja öfter. Großes Geschrei: »Da ist die Claudia Ooobert!!!!!« Und dann auf sie mit Gebrüll, Fotos für Instagram machen. Und Berufstipps geben: »Wie mach ich das am besten, kein Bock auf Ausbildung, ich hab ne Geschäftsidee, wie komm ich an Geld, die Bank will nicht, meine Eltern sagen, ich kann das nicht, mein Freund sagt, dann macht er Schluss …«, und so weiter und so fort.

Claudi vom Bundesbildungsministerium steht dann da bei 35 Grad Hitze zwischen ein paar Luxusyachten und immer weiter hinzuströmenden Touristen, »da ist die Ooobert, jetzt lasst doch mal die Kinder nach vorn« und koordiniert die Zukunftspläne der nächsten Generation. Ich diskutier also mit der Mädels-Clique jedes Für und Wider, als ein Typ von einem Boot runterbrüllt: »Was habt ihr heute Abend vor?« Klar, vor ihm ein Haufen von Super-Bienen, die er auf seine Yacht lotsen will. Verständlich. »Wir machen hier heute ne Party an Bord, habt ihr Lust? Aber die Handys bleiben weg, die müsst ihr abgeben.« Ich sach: »Suuuper, das hört sich spannend an – und so eine Handypause, die tut uns allen mal ganz gut.« Der Typ weiterhin mit den vollen Dezibel aus 20 Meter Entfernung von oben runter: »Tut mir echt leid, aber DUUUU bist wirklich zuuuuu aaaaalt. Du kannst schön mit dem Handy zu Hause bleiben.«

Während die Mädels dann diskutierten, wer noch zum Friseur will, wer sich andere Schuhe im Hotel holen muss und wer die Handys festhält, kommt der Typ vom Boot runter und auf mich zu, nimmt mich zur Seite und sagt: »Es tut mir echt leid, du warst bestimmt mal ein super Schuss, aber – ich mach hier für meine Kumpels die Gästeliste – so bitter das ist, aber alt sind die selbst.«

Mit mir kann man ja offen reden. Ich bin klar genug, um das realistisch einschätzen zu können. Mich hat das auch nicht verletzt. Verletzend wäre das, wenn man sich ernsthaft einbilden würde, man hätte noch die Megachancen. Ne – das Aussortieren, das ist normal. Das will die Natur ja so. Mutter Natur sagt: »Obert, du bist genug bestäubt worden, jetzt ist die nächste und übernächste Generation dran, vor allem zwecks Fortpflanzung.« Akzeptiert. Gegen die Top-Mädels, die ja auch schon mit Mitte 20 alle gemacht sind, bin ich keine Schnitte mehr.

Ich hab ja keine Lippen mehr, die werden so dünn. Meine Hände sind noch ganz gut, aber ansonsten brauch ich gute Dessous und gedimmtes Licht im Raum. Ich hab wie gesagt echt scheiß Brüste, ich wiederhole mich, wie Teebeutel, die zu lange in der Kanne hingen. Meine Beine waren schon immer zu kurz und ich hab einen Hintern wie ein Brauereigaul. Ich hatte immer tierisch volles Haar, wie ein Teppich, aber während Corona ging das mit dem Haarausfall los. Mit meinem Gesicht war ich eigentlich immer happy. Ein guter Trick ist übrigens, wenn der Körper leicht gebräunt ist, das wirkt vitaler.

Aber immer, wenn mich zuletzt ein Visagist geschminkt hat, dann hat der gesagt: »Warum lässt du dir die Augen nicht machen? Jeder lässt sich die Augen machen. Warum du nicht?« Meine Schlupflider, die hingen so schwer auf den Augen wie der Deckel einer Schatztruhe. Und dann die Krähenfüße. Neuerdings wollen dir ja Frauenzeitschriften einreden, das seien wunderbare Spuren deines gelebten Lebens. Ich sach: Das sind Falten, die keiner braucht.

Letztens hab ich mit ner Freundin Spargel gekocht. Während ich die Stangen schäle und mir nix denke, haut sie einen raus: »Hast du schon ein graues Schamhaar?« – »Mehr als eins.« Aber ich würde nie mit einem Typen ins Bett gehen, ohne komplett gewachst zu sein. Ich guck da ja gar nicht mehr so genau hin, weil ich regelmäßig bei einer Kosmetikerin bin, die mich von Kopf bis Fuß in Schuss hält. Das ist eines meiner Beautygeheimnisse. Seit ich 15 bin, gehe ich jede Woche zur Kosmetikerin. Ich bin ein Kosmetikjunkie und richtig süchtig danach.

Freundinnen von mir lassen sich vom Friseur Farbe mitgeben und legen dann untenrum selbst Hand an. Bei meiner Spargelfreundin geht's wohl grad erst los, die kommt noch hinterher, wenn sie ein freches graues Haar rausrupft.

Kannste dir vorstellen, was während Corona los war und wo da überall graue Haare rauskamen? Tja, der Zahn der Zeit, er nagt an mir. Knabber, knabber. Die Arme machen winke winke, wobbel wobbel, und auf meinem Busen steht: »Wir waren früher mal zwei Tennisbälle.« Schön ist das nicht. Das Alter ist ein Arschloch.

Wer behauptet, 60 ist das neue 40, der lügt sich und anderen was in die Tasche. 60 ist 60. Wenn sich jetzt jemand in mich verliebt, dann in meine inneren Werte. Man sagt ja, eine Frau wird nie älter, sie braucht nur länger im Bad. Ich sag: Sie wird älter und braucht länger im Bad. Aber wenn ich drei Stunden lang gestylt werde von super Stylisten, lackiert und todchic gekleidet, dann kann man mich noch mitnehmen für gut. Aber in der ersten Reihe habe ich nichts mehr verloren. Das ist Fakt, macht mich nicht traurig. Lieber bin ich 60 und altere vor mich hin, als dass ich schon auf dem Friedhof liege und Futter für die Würmer bin. Wer nicht alt werden will, muss bekanntlich jung sterben. Keine andere Option.

Also klemm ich mir längst Haarteile in meine ausgedünnten Fussel und lass mir Wimpern ankleben. Ich hab mir sogar so Filter für meine Insta-Posts aufquatschen lassen, mit denen ich tagelang in den Schlagzeilen war. Und dann haben das ja alle möglichen Medien übernommen. »Claudia Obert total verändert!«, »Die Fans erkennen sie kaum«, »Obert unglaublich verjüngt«. Also das Thema interessiert schon sehr. Aber von allen Beauty-Methoden ist das doch wohl die allerblödeste. Ich hab's ausprobiert aber nicht kapiert. Ich retouchier mir also mit so einer App alle Makel weg und lauf dann im richtigen Leben den Leuten mit Runzeln in die Arme? Was soll das?

Ich fasse mal zusammen. Erstens: Ich hab das Elend ja selbst im Spiegel gesehen. Zweitens gab's ja auf Ibiza den Platzverweis, von wegen heute mal kein Seniorenabend auf der Yacht. Und drittens war da ja noch der Callboy, uns Kai aus Köln. Der sagte mir nach dem Beischlaf: »Deine Brüste sind ausbaufähig.« Der ist ehrlich. Das schätze ich. Er ist ja irgendwo Experte und meinte, ich brauche ein ordentliches C-Körbchen.

Es kam jedenfalls so viel zusammen, dass ich endlich meinen Kumpel-Doc anrief und die Baustelle Obert gründlich inspizieren ließ. Unter grellem Licht zog er meine Brauen hoch, meine Wangen zur Seite, kniff mir in die Lippen, wog die Brüste hin und her und nahm dann die Brille ab: »Vorschlag: Wir machen ein Stirnlift und ein Augenlifting, straffen also die schlaffen Augenlider.« Das wäre ein Anfang. Ein Aufklärungsgespräch über die Risiken folgte. Es war klar – ich war ein Fall fürs Skalpell.

Am 17. November 2020 hab ich dann ein paar bequeme Sachen eingepackt und in der Klinik von Professor Doktor Straffraffsaugzurrtackerschnippel eingecheckt. Nix Hintertür, nix unter falschem Namen, sondern vorn rein und: »Schönen guten Morgen zusammen.« – »Hallo, Frau Obert, wir bringen Sie auf ihr Zimmer. Der Arzt kommt gleich.« Was soll ich da groß ein Geheimnis drum machen und mit Turban und Sonnenbrille durch die Garage rein? Darüber muss sich jeder klar sein: Da gibt es nichts zu vertuschen oder zu verheimlichen. Wenn du was machen lässt – egal was: Die Leute sehen es dir später an. Und glaubt nicht das Märchen von: Danach sieht man erholt aus wie aus dem Urlaub. Nein, danach siehst du aus, als wenn man dir Beauty-Spritzen irgendeiner Art verpasst hat – oder eben gleich eine Raffung vorgenommen hat. So sieht's aus.

Nüchtern ging's dann am nächsten Morgen in den OP. »Mach mich schön«, waren meine letzten Worte, bevor das Narkosemittel in meine Venen tröpfelte. Das »schön« war schon nicht mehr ganz sauber, mehr so »schööööőhnnnggggggchrrrrrr«. Weg war ich. Ein echter Schönheitsschlaf war das. Mehr kann ich euch von dem Eingriff nicht erzählen, aber das Netz vergisst nicht. Auf meinem Instagram-Account sind die Videos noch zu sehen, am 20. November 2020, wo ich gleich nach dem Aufwachen noch im Krankenhaushemd und im Bett liegend ein Video drehe. Ich sah zwar nicht aus, wie vom Laster überfahren, aber vielleicht wie von einem Kleintransporter. Von einem Ohr zum anderen über den Oberkopf hinweg hatte der Arzt einen Schnitt gesetzt, alles schön hochgezogen und dann mit einer Art medizinischer Büroklammer alles wieder zusammengetackert. Die gestrafften Oberlider hatte er genäht. Ja, die Tage danach war alles bisschen grün und blau – nicht schlimm, wurde dann langsam gelb und dann entwickelte sich das Ergebnis über die letzten Monate.

Ich bin zufrieden, aber es gibt auch Leute, die sagen: »Man sieht nix.« Wie gesagt, ich wollte es nicht zu straff haben und noch einigermaßen wie ich selbst aussehen. Paar Falten lass ich jetzt noch vorsichtig mit Eigenfett unterspritzen, bissi Botox, nicht viel und sobald ich jetzt Zeit habe, lass ich mir die Brüste machen. Und in die Lippen muss etwas Eigenfett. Holla die Waldfee. Für die ganz Neugierigen unter euch: Im Schritt brauch ich keine Straffung. Passt, das hat alles noch Gesicht. Man kann ja wirklich sonst was machen lassen: Schamlippen straffen, Venushügel verkleinern. Eine Freundin erzählte letztens in einer Schampäääääääign-seligen Runde was vom Po Bleaching, weil die Haut da so unschön dunkel gefärbt sein kann. Hat bei mir aber noch keiner moniert. Das ist mittlerweile so selbstverständlich, das steht in jeder guten Frauenzeitschrift und die Bleaching-Produkte findest du easy online – für zu Hause. Nur keine Hemmungen.

Warum tune ich mich? Ich will den Anschluss nicht verpassen, will dranbleiben, an meinem Business, an meiner Rolle als »Realiti-Schtar«, wie Narumol sagt. Und für mich hat das Äußere extrem viel damit zu tun, wie ich mich fühle – wenn du morgens das magst, was du im Spiegel siehst, dann trittst du ganz anders auf. Und was die Männer betrifft: Ich bin mit den Jungs noch nicht durch. Auch da, immer neue Ziele. Bis auf Australien war ich schon auf allen Kontinenten aktiv. Aber wenn Corona einigermaßen durch ist, dann geht's zum Knattern nach Down Under. Ich will auf jeden Fall weiter viel Sex haben, und dazu muss man sich im eigenen Körper wohlfühlen. Und ich fühl mich jetzt besser als noch vor einem Jahr.

Beauty-Operationen geben mir einen Pusch, und deshalb sage ich schon heute: Ich werde noch mit 105 Sex haben! Eine letzte Frage hab ich noch zu diesem Thema. Warum sehen die meisten Schönheitschirurgen – jedenfalls alle, die ich kenne, nicht wirklich gut aus? Wer die Antwort weiß, bitte PM an mich.

Kapitel 18
Wie – die Obert ist auch noch bi? Kassensturz zum 60.

»Claudia Obert knutscht die Brust von Hanna Secret«, »Luxuslady Obert befummelt Pornosternchen«, »Claudia, was läuft da mit dem Webcam-Girl?« – da waren sie mal wieder: typische Obert Schlagzeilen.

Das, was für die Öffentlichkeit im Juli News und ein »heißer Einblick« waren, war für mich kalter Kaffee. Denn dass ich auch auf Frauen stehe, hatte ich bisher nur noch nicht an die große Glocke gehängt. Hanna Secret ist so ne Art Sexarbeiterin, die müsst ihr mal googeln – und die arbeitet als Webcam-Girl. Die verdient im Netz Dirty Coins, indem sie Männer bespaßt. Sie zieht sich aus und die Typen legen dann selbst irgendwo Hand an. Je länger sie die Typen an der Angel hat, umso mehr Dirty Coins bekommt sie.

Dirty Coins wäre auf jeden Fall eine Währung, mit der man mich auch bezahlen könnte, war mein erster Gedanke, als ich davon hörte. In Dirty Coins wäre ich wohl Milliardärin, oder? Jedenfalls für die *JOYN*-Sendung *Die Obert Connection* war sie eine von sex Websternchen, die mir Nachhilfe in Sachen Social Media gegeben haben. Ja, hier hat sie mir dann ne Menge Einblick geboten, obwohl ich da nun wirklich keine Nachhilfe brauche. Trotzdem gilt das alte Motto, beim Sex und in allen anderen Bereichen des Lebens: Wer aufhört, besser zu werden, hat aufgehört, gut zu sein. Man muss immer weiter dazulernen.

Als ich Hanna Secret also samt Kamerateam traf, hatte sie ziemlich wenig an – und ihr Anblick hat mich angemacht. Sie ist scharf wie eine Axt. Sie hat sehr schöne Brüste, die hab ich erst mal geküsst. Was weder Hanna noch das Kamerateam vorab wussten – das war keine Show von mir, also irgendwo ist das natürlich auch Show, wenn die Kameras laufen, davon ist man ja nicht frei, aber ein guter Busen ist für mich ein echter Trigger, da bin ich nicht abgeneigt. Deshalb: Mit Hanna, das war mir ein echtes Bedürfnis.

Und es war nicht das erste Mal in meinem Leben, dass ich auf eine Frau abgefahren bin. Ich war schon mit mehreren Frauen handgreiflich. Die Erste, die mich geflasht hat, das war 1998 Katharina Witt im Playboy. Der war sofort vergriffen, ich glaub, ich hab den letzten gekriegt. Der wird jetzt noch gebraucht gehandelt, gut erhalten für 50 Euro. Vielleicht kauf ich mir den noch mal, der Alte ist natürlich irgendwie verschütt. Die Fotos haben mich richtig angemacht, wie sie da posiert hat, ihr weiblicher Körper, schöne Rundungen, hübsches Gesicht, sexy Ausstrahlung. »Hallo Kathi, jetzt ist es raus, ich steh auf dich wie ne 1!«

Da hab ich gemerkt, mit einer Frau, da könnte was gehen. Gitta Saxx fand ich im Playboy klasse, bei Sonia Kirchberger würde ich auch schwach werden, Simone Thomalla und die Sängerin Michelle, »die mit de Bälle«, die haben auch was. Jenny Elvers war auch im Playboy, aber mit der bin ich zu sehr Kumpel, da regt sich nix. Nix gegen dich Jenny, weißte Bescheid. Wir haben uns schon schwesterlich die Matratze geteilt, wenn es sein musste.

Ich hab in meinem ganzen Leben mit einem guten Dutzend Frauen … ja, wie soll ich sagen? Jetzt nicht in dem Sinne »geschlafen«. Das war mehr so Petting. Ich hab die zum Beispiel mit Bodylotion eingecremt – oder die mich. Wie nennt man das dann? Ich war mit rund 12 Frauen intim? Ich hab dann zum Beispiel einer Freundin den Busen eingecremt – und dann sagt sie: »Hmmm, das macht mich an« – und ich sach dann »Mich auch«. Und sie: »Wenn's dir Spaß macht, mach weiter, solange du Lust hast.« So in der Art. Spaß an der Freud halt. Aber ich muss nicht stundenlang die Pflaume lecken.

Ja, ich finde, wir sind das schönere Geschlecht und die Schönheit von Frauen reizt mich. Auf Ibiza sag ich öfter mal zu den Mädels: »Du hast schöne Brüste, darf ich die mal anfassen?« Und dann sagen die: »Ja klar.« In meiner Paris Zeit war ich oft der Spielball schöner Frauen. Und so haben sich über die Jahre auch Freundinnen von mir, die bisschen locker drauf sind, von mir verwöhnen lassen. Ich hab das mit den Ladys bisher noch nicht so thematisiert – einfach weil ich mir für den härteren Sex eher Männer wünsche. Zum Schmusen, Streicheln und Küssen aber mag ich die Girls. Mein Hobby ist: Brüste massieren.

Aber mit Gina Lisa, bei *Kampf der Realitystars*, das war tatsächlich mehr Show als Gefühl, bisschen Ramba Zamba, Balla Balla, bisschen Gaga für die Quote, musste ja für meine Gage auch liefern, aber es fiel mir eben auch nicht besonders schwer mit einer Frau, und sei es nur fürs Entertainment, rumzuknürzeln.

Ne Tendenz zu bi hab ich also auf jeden Fall. Vielleicht wäre ich auch schon längst mal mit ner Frau zusammen gewesen, wenn ich an eine geraten wäre, die mich an die Hand genommen hätte. Wenn ich Pornos gucke, auf Youporn, dann tüddel ich jedenfalls immer auf das Feld: »Big boobs.« Tja. I did it my way.

Warum erzähle ich so offen über mein total versextes Leben? Das hab ich mich selbst beim Schreiben dieses Buches auch gefragt. Gut, wie wir wissen, bin ich hemmungslos und schamlos und mach mir nix aus der Meinung anderer – also immer raus mit der Sprache. Außerdem hab ich mittlerweile gemerkt, dass mir meine Offenheit Applaus und Aufmerksamkeit einbringt und ich es zu einer gewissen Berühmtheit geschafft habe. Ich bediene da als Society-Lady, die immer kann und immer will, offensichtlich etwas, was die Leute amüsiert. Soll mir recht sein. Und natürlich schreibe ich das Buch auch, weil es ein cooler Deal ist, weil es Spaß macht, die besten Klöpse rauszuhauen, und weil ich mir die Biografie selbst zum 60. schenke.

Längst bekomme ich so viel Feedback von Fans, die immer wieder den gleichen Tenor haben: »Claudi, du bist für uns ein Vorbild«, »Ich wär so gern wie duhuhu«, »Mit dir würde ich gern tauschen«. Samstags in meinem Laden komme ich oft mit Leuten ins Gespräch. Die erzählen mir dann, dass sie zum ersten Mal ihrem Chef die Meinung gegeigt haben, weil meine freche Art ihnen Mut gemacht hat. Eine Frau hat ihrem Mann endlich gesagt, sie wolle mal allein Urlaub machen. Eine andere hat mir erzählt, dass sie neuerdings heimlich einen Geliebten habe.

Verwaltungsfachangestellte aus dem Hamburger Speckgürtel, selbstständige Blumenhändlerin, Krankenschwester – Geschichten aus dem Leben. Menschen, die alle gern ein bisschen mehr leben wollen. Weniger das, was man soll und muss, sondern mehr das, wovon man träumt. Öfter aus der Reihe tanzen, wie die Oooobert eben.

Meine Philosophie, wie man sich fröhlich durchs Leben knattert, ohne sich die lästigen Nebenwirkungen einer Beziehung oder Ehe aufzuhalsen, das ist für viele nicht nur unterhaltsam – sondern manches Mal wohl auch Anregung und Idee, sich aus Zwängen zu lösen. Ich diene offensichtlich als Vorbild dafür, wie man maximal frei, ja richtig befreit sein Leben leben könnte. Eben nicht für die anderen, sondern für sich selbst. »Wenn die Obert das mit 60 kann«, denken vielleicht viele Fans, die etwas unsicher sind, »dann kann ich das auch.«

Gerade von Menschen, die sich lgbtqia2s+ zugehörig fühlen, höre ich immer wieder, dass ich wohl unbewusst durch all die Tabus, die ich breche, doch viel dafür tue, dass in der Gesellschaft die Toleranz wächst. So lande ich vielleicht doch noch bei Markus Lanz. »Markus, hast du noch ein Plätzchen frei für mich? Lass mal über Tabubruch schnacken und gib dem Lauterbach mal einen Tag frei.«

Klar, unbewusst bewege ich da sicher was. Ich hab mir da nix auf die Fahnen geschrieben, aber wenn ich mit meinem Anderssein, mit meiner Crazyness dazu beitragen kann, dass unser aller Leben bunter wird – ich bin dabei. Denn *LIFE IS A PARTY!*, das ist ja nicht nur ein hohler, leerer Titel, das ist mein Lebensmotto, das ich intensiv lebe, weil es ganz viel über das sagt, was mein Leben bestimmt und was mir wirklich wichtig ist.

Denn was ist denn eine Party? Wie ist eine Party? Da steht man mit vielen Leuten zusammen, ist offen und neugierig aufeinander. Man isst und trinkt gemeinsam, im Vordergrund steht der Spaß, nicht wer du bist und wo du herkommst. Schon gar nicht, wohin du gehst. Auf einer Party sind wir locker, lassen alles auf uns zukommen. Keine Regeln, alles geht. Alles kann, nichts muss.

Es stimmt, wenn ich das hinterfrage, was mir die Leute so sagen, dann bin ich schon auch eine Rebellin, eine Freiheitskämpferin, die es liebt, die Regeln zu brechen – denn wer maßt sich an, gerade für die Liebe und die Lust Regeln aufzustellen? Wer will bestimmen, wen man lieben darf, wie viele man lieben darf, auf wen man Lust hat? Doch: Das ist meine Botschaft. Nur die Verrückten verändern die Welt!

Auch wenn ich meine 5000 Männer hatte und das gute Dutzend Frauen, weiß ich, dass noch viel viel mehr geht. Und dass mein Sexleben, so krass und so wild es sich anhört, nur ein winziger Ausschnitt dessen ist, was meine Freunde und Fans leben, die schwul sind, lesbisch, androgyn, bigender, gender variabel, genderqueer, intersexuell, geschlechtslos, nicht binär, pangender, pangeschlecht, transsexuell, transweiblich, intergeschlechtlich, Zwitter, Hermaphrodit, viertes Geschlecht, Drag, Transvestit, cross gender ... Ich hoffe, ich habe niemanden vergessen. Ihr alle mit euren Gelüsten – am Ende vereint uns doch alle der Sex. Alle lieben Sex, alle wollen Sex! Und er kostet ja nicht mal was. Also meistens.

Pling. Pling. Pling Pling Pling. Alarm auf meinem Handy. Pling. Der Callboy. Ach, Gottchen, den hatte ich zwischenzeitlich total vergessen. »Wann hattest du deinen letzten Orgasmus?« Immer mal wieder meldete sich der Kölner Klempner, dem die Frauen vertrauen. So regelmäßig oder soll ich sagen, so penetrant, wie die Typen von Call Centern, die irgendwie deine Nummer rauskriegen und dir einen neuen Handyvertrag andrehen wollen. »Du weißt, ich bin einer der besten zehn Callboys Europas!«

Ich schreib zurück: »Vielleicht sollte ich es mal mit den anderen neun versuchen?« – »Clown gefrühstückt?«

Der Junge ging mir irgendwie schon länger auf den Pinsel. Im Corona-Lockdown waren die Treffen mit ihm ein Abenteuer, ein Kick. Es war was Besonderes und für so eine jecke Nudel wie mich einfach genau die crazy Abwechslung, die ich in meinem Leben hin und wieder brauche. Aber der bezahlte Sex nutzte sich schnell ab. Erstaunlich schnell. Ich weiß es schon länger. Seit ich im Frühjahr für *Kampf der Realitystars* nach Thailand flog, war der Drops, besser gesagt, das Gemächt von Kai gelutscht.

Pling: »Hallo, hier dein Erektions-Entertainment.«

Pling. »Liebe Frauen: Schuhe und Handtaschen sind toll, Callboys sind toller.«

Pling: »Was war dein abgefahrenster Orgasmus?«

Mir kamen die Messages von ihm langsam wie lästige Push-Nachrichten vor oder wie Sammel-Botschaften, die er an alle seine Kundinnen gleichzeitig rausschickte. Callboy Kai entwickelte den Charme einer Drückerkolonne.

Pling: »Willst du dir die Brüste machen lassen?« Ich sach: »Vielleicht.« Er: »So so, nur vögeln willst du nicht.« Pling: »Ich hab am 10.5. Zeit.« Claudi: »Ich aber nicht.« Kai, der Krake. Dann erzählte er wieder von seiner super duper Kundin, mit der er ein paar Wochen durch Europas Hot Spots hühnern würde. Pling: »Die letzten Tage in Deutschland brechen an. Falls du mich noch mal sehen möchtest, dann musst du schnell sein.«

Ich kann ja schweigen, wenn ich will. Was kann ich schweigen. Verschlossen wie eine Auster kann ich sein. Pling: »Meine Flüge verschieben sich. Ich habe Donnerstag Zeit.« Claudi: »Schön, mach mal frei, das tut dir auch gut.«

Im Modehandel rufen mich auch Leute an, bei denen ich fünf Jahre lang nicht mehr bestellt habe. Das ist ja legitim. Man will ein Geschäft machen, hakt nach. Normal. Der Callboy will ja auch, dass ich ihn weiterempfehle. Ihn, der sich jede »Überminute« bezahlen lässt und mit der Stoppuhr knattert. »Was hab ich davon, wenn ich dich weiterempfehle? Wenn ich irgendetwas von dir gelernt habe, dann, dass es nix gratis gibt.« Er hat mir nie den Kopf verdreht, es gab nie Schmetterlinge im Bauch. Es war ein Geschäft. Aber mir wurde das zu abgepitscht. Am Anfang war er ja auch noch bemüht, flirty … tja, so wie eine Beziehung eben anfängt. Und dann merkte ich, es ging abartig nur ums Geld. Mir tut's nicht leid um die Taler – in dem jeweiligen Moment war er es wert.

Ein Freund meinte irgendwann zu mir: »Unter die Dusche, knattern, nach Hause. Macht 500 Euro und Schluss – aber nicht ein ganzes Wochenende.«

Ich hab ihn mal gefragt, ob sich eine Frau wegen ihm schon mal ruiniert hätte. »Ja, manche waren sehr hungrig und sehr geil.«

So ein Callboy ist schon hart an der Grenze zum Heiratsschwindler – irgendwo gaukelt er dir vor, dass er für dich da ist. Sensible Gemüter gehen da vielleicht in die Liebesfalle. Er hat sich bei mir auch ständig per WhatsApp-Nachrichten mit guten Ratschlägen in mein Leben eingemischt. Paar zigtausend Euro hab ich auch in den Kai eingezahlt.

Das hat ja bei *Kampf der Realitystars* für ziemliche Aufregung gesorgt. Da war so ne Prinzessin Tralala, die hat sich aufgeregt: »Das ist doch alles gelogen, ich will deine Kontoauszüge sehen. Woher hast du das Geld?« Als wenn du dem Callboy eine Überweisung auf sein Konto bei der Kreissparkasse machst. Ich mach mir um die rund 100 000 nichts – wenn du ein bisschen Lebensstil hast, dann sind 100 000 nicht viel, wir sprachen ja schon drüber. Gut. Jetzt will ich eh mein Pulver erst mal trocken halten. Und nicht mein Geld noch während Corona für Callboys ausgeben.

Denn noch ist die Krise nicht vorbei. Wer weiß, was da noch alles kommt. Corona hat mir Angst gemacht. Angst vor Armut und Einsamkeit. Das waren harte Monate und ich habe gelitten, wie viele von euch. Aber ich sage auch, dass es gesund ist, Ängste zu haben, nur dumme Menschen haben vor gar nichts Angst, Ängste sind auch ein Schutz. Ich habe mich umso intensiver mit dem Geschäft und mit meinen Plänen und Zielen beschäftigt, die ich habe – und ich habe viele Pläne, immer noch. Eine Obert geht nicht in Rente.

Ich möchte nie sterben und wenn die so ne Ewig-jung-Pille erfinden für eine Million Euro, die kauf ich mir sofort. Ich finde, das

Alter kann noch ganz funny sein, wenn man einigermaßen fit ist. Es gibt so herrlich schrullige, witzige alte Leute, die sich mit Jungen umgeben, die haben Spirit, haben zwar einen alten Körper, aber einen jungen Geist.

Das ist mein Wunsch, mir diesen Spirit zu erhalten. Mit 60 noch mal ein Star zu sein, ein Realitystar, das ist wie ein Rausch – ich genieße den Rummel. Quatscht mich ruhig an, wenn ihr mich seht – Selfie, Umarmung, ein Drink – alles gern. Ist mir nicht lästig, den Ruhm will ich voll auskosten. *I just love it!* Und wenn ein paar Hater wegen einem misslungenen Spruch einen Shitstorm lostreten – das kann doch wohl nicht wahr sein! Die Botschaft dieses Buches, noch mal und immer wieder: Lass sie reden! Feinde interessieren mich nicht. Eine Freundin von mir, die sehr erfolgreich ist, die liebt ihre Feinde – die sagt: »Die treiben mich an. Ich trag meinen Schmuck nur für meine Feinde, meine Freunde interessiert das ja gar nicht.«

Aber mir sind Feinde total egal, warum soll ich mich für Leute interessieren, die mich nicht mögen? Das Schlimmste, was ich mal über mich gehört habe, war: »Du bist doch ne dauerbesoffene Alte.« Fuck them, mir egal. Ich weiß ja, was Sache mit mir ist. Eine Frau kann mit 60 nicht so aussehen wie ich, wenn sie säuft. Ich trink gern mal einen – und das ist ein bisschen Masche geworden, bisschen Klischee. Ich trinke aber auch manchmal wochenlang nix.

Außerdem: Ich häng am Leben. *My Body is my Temple.* Ihr wisst, den pfleg ich schön, nix Raubbau. Die Kapelle muss noch für ein paar Jahre halten. Klar Leute, jeder Tag kann der letzte sein, aber deshalb sag ich eben: Jede Minute alles rausholen, was geht.

Ja, nun liegt mein Buch vor euch, mein ganzes Leben, in 18 Kapiteln. Ich hab so ziemlich alles erreicht und erlebt, wovon ich geträumt habe. Ich habe nicht alles erreicht, nicht alles erlebt, aber eben fast. Bin ein paarmal falsch abgebogen, aber immer schön mit Vollgas. Im Großen und Ganzen war das alles sehr okay.

Was denkt ihr über mein Buch, was werdet ihr darüber sagen, was wird »man« darüber sagen? Ich hoffe, dass es vor allem in schwierigen Zeiten für euch Zerstreuung und gute Unterhaltung ist. Ich hoffe, es wird verfilmt. Ruby O. Fee kann mich in jung spielen, dann Nora Tschirner, die ältere Obert – und dann bitte Iris Berben noch mal hintenraus.

Vielleicht ist mein Werk aber auch ein Ratgeber. Weil ich ja auch mehr als einmal sage, macht euch keine Sorgen. Macht nichts, wozu ihr keine Lust habt, macht alles, wozu ihr Lust habt. Wenn euch euer Partner elendet, dann verlasst ihn, dazu hat der Maurer das Loch in der Wand gelassen. Seht zu, dass ihr finanziell unabhängig seid, dass ihr frei bleibt. Dazu muss man kein Multimillionär sein. Das geht auch mit 2500 Brutto.

Was sag ich euch zum Schluss? Ich bin zufrieden mit mir, erzähle nicht alles mit Stolz. Hätte vieles besser machen können. Es war nicht alles perfekt, ich war nicht perfekt. Aber ich habe immer das gemacht, was ich wollte. Das war mir wichtig, das ist richtig und es fühlt sich verdammt gut an, wenn ich auf meine 60 Jahre blicke. 99 Prozent meines Lebens habe ich wirklich so gelebt, wie ich es wollte.

So, und jetzt muss ich mich mal langsam noch um die Prophezeiung von Oma Rosa kümmern: »An irgendeinem Tresen wird er schon mal sitzen, der Mann deines Lebens.« Und vielleicht meinte Oma Rosa ja auch: »Die Frau deines Lebens.« Ich bin und bleibe offen für alles, denn Leute: »My Life is a Party – und wenn wir uns sehen, dann feiern wir das Leben zusammen!«

Anhang
Claudis Lieblingsrezepte

Und jetzt? Schampääääääign meine Lieben! Ich hab mir gedacht, zum Schluss gibt es ein Goodie von mir, meine liebsten Champagner-Rezepte, selbst kreiert oder irgendwann bei Freunden entdeckt – jedenfalls schon x-mal zubereitet und die Gerichte waren immer ein Riesenerfolg.

Mein All-Time-Klassiker ist ja: Bratkartoffeln mit Steak und Salat, damit koch ich jeden Typ in die Kiste. Und wenn er Vegetarier ist, dann mach ich ihm ein Blumenkohlschnitzel zu den Bratkartoffeln. Oder so.

Aber guckt euch mal meine Rezepte an, die sind richtig lecker und ein bisschen sexy. Die habe ich dem einen oder anderen Lover auch mal vor oder nach dem Sex serviert. Und immer, wenn ihr einen Schuss Champagner an die Soße oder in die Suppe kippt, dann denkt an mich und an mein Lebensmotto:

LIFE IS A PARTY!

Mach dein Leben zu einer Party!

Frühstück

Champagnerrührei für den Morgen danach

Für zwei Personen

6 Eier
Salz und Pfeffer
1 guten Schuss Champagner
1 TL Butter
100 g Ananas
Toast oder Baguette

6 Eier in eine Schüssel schlagen und gut verrühren. Salz, Pfeffer und den Champagner dazugeben.

Butter in einer Pfanne bei mittlerer Hitze zergehen lassen. Die Ananasstücke zu den Eiern geben und alles in der Pfanne bei mittlerer Hitze braten.

Mit warmem Toast oder Baguette genießen.

Vorspeisen

Champagnerschleifchen

Für vier Personen

500 g Farfalle Pasta
Salz
3 Knoblauchzehen
1 Zwiebel
5 EL Olivenöl
250 g Riesengarnelen
250 g Champignons
300 g geräucherter Lachs
Pfeffer
1 TL frischer Zitronensaft
300 ml Champagner
250 g Schlagsahne
250 ml Fischfond
3 Stiele Dill
Kaviar

Nudeln in Salzwasser kochen. In der Zwischenzeit den Knoblauch schälen und durch die Knoblauchpresse drücken. Die Zwiebel schälen und fein würfeln. Knoblauch und Zwiebeln in heißem Öl andünsten. Garnelen zufügen und fünf Minuten braten.

Die Champignons putzen, waschen und in Scheiben schneiden. Den Lachs in Würfel schneiden. Garnelen mit Salz, Pfeffer und Zitronensaft würzen und herausnehmen.

Jetzt die Champignons im Kochsud fünf Minuten anbraten. Alles mit Champagner, Sahne und Fischfond ablöschen und etwas einkö-cheln. Lachsstreifen und Garnelen dazugeben und leicht erwärmen.

Den Dill fein hacken, unterrühren und abschmecken. Die Farfalle unterrühren und das Ganze mit etwas Kaviar als Topping garnieren.

Champagnerrisotto mit Riesengarnelen

Für zwei Personen

250 g weißer Spargel
600 ml Wasser
Salz
1 TL Zucker
3 EL Butter
1 Schalotte
150 g italienischer Risottoreis
100 ml Champagner
Dill
1 Zitrone
6–8 Riesengarnelen
2 Spieße
Pfeffer
frisch geriebener Parmesan
Zucker

Den Spargel waschen, schälen und in Stücke schneiden. Das Wasser mit 1 TL Salz und Zucker sowie 1 EL Butter aufkochen. Den Spargel darin bissfest garen. Das Spargelwasser aufheben.

Die Schalotte schälen und fein würfeln. In einer Pfanne 1 EL Butter erhitzen, die Schalotte darin andünsten. Reis unterrühren, bis die Körnchen glasig werden. Den Champagner angießen und bei großer Hitze verdampfen lassen. Dann bei mittlerer Hitze nach und nach Spargelbrühe angießen und unter häufigem Rühren verdampfen lassen.

Den Dill waschen und zupfen. 1 TL Schale von der Zitrone abreiben und den Saft auspressen. Garnelen waschen, trocken tupfen und auf zwei Spieße stecken. Mit etwas Zitronensaft beträufeln und im Anschluss salzen und pfeffern.

Nach 15 Minuten ist der Reis so weit gegart, dass der Spargel untergerührt werden kann. Beides weiterköcheln lassen, bis der Reis sämig ist, aber noch Biss hat.

Die Garnelenspieße in einer Pfanne in 1 EL Butter fünf Minuten braten.

Das Risotto mit Butter und Parmesan mischen, nach Belieben mit 1 Spritzer Zitronensaft abschmecken. Garnelenspieße mit Dill und Zitronenschale garnieren und auf dem Risotto anrichten.

Austern im Champagnerbett

Für zwei Personen

15 Austern
Meersalz
1 kleine Schalotte
50 g Butter
10 ml Wermut
100 ml Champagner
100 ml Fischfond
1 EL Schlagsahne
1 EL eiskalte Butter in Stückchen
Weißer Pfeffer
50 g Schlagsahne
Kaviar

Die Austern aufbrechen und das Muschelfleisch aus der Schale lösen. Ein Ofenblech mit Meersalz befüllen und die Austernhälften mit dem Muschelfleisch darauf legen.

Die Schalotte hacken und in Butter glasig andünsten. Danach die Schalotten mit dem Wermut ablöschen und einkochen lassen. 50 ml Champagner zusammen mit dem Fischfond angießen und alles einkochen lassen. Die Sahne unter Rühren dazu geben und die Soße weiter köcheln lassen. Den Sud durch ein Sieb gießen, die eiskalte Butter einrühren und mit etwas weißem Pfeffer würzen. Anschließend den restlichen Champagner angießen. Dann die Sahne schlagen und vorsichtig unter die Soße geben.

Auf jede Muschel einen Löffel der entstandenen Creme geben und im vorgeheizten Backofen bei 180 Grad Umluft goldbraun garen. Mit Kaviar garnieren.

Edles Champagnersüppchen

Für vier Personen

1 Stück Sellerie
1 Stange Lauch
1 EL Butter
20 g Mehl
1 Liter Kalbsfond
1 kleine Flasche Champagner
3 TL Dijonsenf
2 TL Senfkörner
250 ml Schlagsahne
4 Riesengarnelen
1 Zehe Knoblauch
Salz
Pfeffer

Den Sellerie und den Lauch klein schneiden und in Butter anschwitzen. Im Anschluss mit Mehl bestäuben. Kräftig rühren und mit Kalbsfond aufgießen. 15 Minuten köcheln lassen.

Die Flüssigkeit durch ein feines Sieb passieren. Champagner, Dijonsenf, Senfkörner und die Hälfte der Schlagsahne untergeben. Die restliche Sahne steif schlagen.

Die Garnelen mit Salz und Pfeffer würzen und mit dem klein geschnittenem Knoblauch anbraten. Die Suppe ebenfalls mit Pfeffer und Salz abschmecken und mit der geschlagenen Sahne und den Garnelen anrichten.

Hauptspeisen

Champagnerhuhn an Champus-Spätzle

Für vier Personen

1 küchenfertiges Hähnchen
1 Stange Lauch
1 Möhre
1 Zwiebel
1 Lorbeerblatt
2 Gewürznelken
1 EL Pfefferkörner
Salz
Frischer Thymian nach Geschmack
500 ml Wasser
500 g Champignons
¼ TL Trüffelpaste
Schmalz
3 EL Butter
2 EL Mehl
400 ml Champagner
1 Eigelb
2 EL Schlagsahne
Weißer Pfeffer
10 g frischer schwarzer Trüffel

Das Hähnchen waschen, mit Küchenpapier abtupfen und zerteilen.

Den Lauch und die Möhre in Würfel schneiden. Die Zwiebel schälen und in Würfel schneiden. Das Lorbeerblatt und die Nelken in ein Gewürzsäckchen füllen.

Das Hähnchen, die Porree- und Möhrenwürfel, die Zwiebeln, die Pfefferkörner, 1 TL Salz und Thymian nach Belieben in einen Topf geben und mit 500 ml Wasser bedecken. Das Ganze aufkochen und 30 Minuten köcheln lassen.

Die Pilze putzen und in dünne Scheiben schneiden.

Das Hähnchen und das Gewürzsäckchen aus dem Topf nehmen und die Brühe durch ein Sieb laufen lassen. Dabei 250 ml der Flüssigkeit auffangen und mit der Trüffelpaste abschmecken.

Etwas Schmalz in einer Pfanne erhitzen und das Hähnchen anbraten. Die Pilze zufügen und alles 12 Minuten anbraten.

3 EL Butter im Topf erhitzen und das Mehl darin anschwitzen. Die Brühe, den Champagner und eine Handvoll gehacktem Thymian einrühren. Mit etwas weißem Pfeffer abschmecken. Alles aufkochen und 8 Minuten köcheln lassen.

Das Eigelb und die Sahne glatt rühren und in die Soße geben. Die Soße darf nicht mehr kochen, sonst stockt das Ei. Alles mit frisch gehobeltem Trüffel garniert servieren.

Champus-Spätzle

Für vier Personen

200 g Quark
200 g Mehl
3 Eier
2 Eigelb
Einen Schuss Champagner
Muskat
Salz
Schmalz

Den Quark in einem Geschirrtuch gut ausdrücken. Das Mehl (gesiebt), den Quark, die Eier, das Eigelb, den Champagner, eine Prise Muskat und eine Prise Salz zu einem Teig zusammenrühren.

Den Teig durch eine Spätzlepresse in kochendes Salzwasser einarbeiten. Die Spätzle kurz aufkochen lassen, herausfischen und in Eiswasser abschrecken.

Die Spätzle kurz vor dem Servieren in Schmalz anbraten.

Lachs in Champagner

Für zwei Personen

1 Bund Lauchzwiebeln
250 g Lachsfilet
Salz und Pfeffer
Etwas Fett für die Auflaufform
100 g Schlagsahne
200 g Schmand
250 ml Champagner
100 g Reis

Die Lauchzwiebeln putzen und in Scheiben schneiden. Den Lachs mit Salz und Pfeffer würzen und in eine gefettete Auflaufform geben. Den Lauch auf dem Lachs verteilen. Den Ofen auf 150 Grad Umluft vorheizen.

Die Sahne und den Schmand in einem Topf vermengen und aufkochen. Die Flüssigkeit leicht abkühlen lassen und den Champagner unterrühren. Die Soße mit Salz und Pfeffer abschmecken und über den Lachs in der Form gießen. Alles in den vorgeheizten Ofen geben und 30 Minuten garen lassen. Den Lachs mit Reis servieren.

Desserts

Champagnercheesecake

Für sechs Dessertgläser

125 g Butterkekse
125 ml Schlagsahne
350 g gehackte, weiße Kuvertüre
1 Packung Gelatinepulver
150 ml Champagner
250 g Frischkäse
Verschiedene Beeren für die Dekoration

Die Butterkekse zu Bröseln hacken und auf sechs Dessertgläschen verteilen. Die Schlagsahne und die Kuvertüre in einem Topf zum Schmelzen bringen und dann abkühlen lassen.

Die Gelatine in kaltem Wasser einweichen. Die abgekühlte Schlagsahne mit dem Champagner verrühren und langsam unter ständigem Rühren den Frischkäse untermischen.

Die Gelatine erwärmen und ebenfalls der Masse beimischen. Die Masse wird nun auf die Kekskrümel in den Gläsern verteilt und einen halben Tag im Kühlschrank kaltgestellt.

Champagnereis-am-Stiel im Schokobad

100 g Puderzucker
1 Blatt Gelatine
250 ml Champagner
»Eis am Stiel«-Form
Schwarze Kuvertüre

100 ml Wasser und 100 g Puderzucker köcheln lassen, bis sich der Zucker aufgelöst hat. Die Gelatine in kaltem Wasser einweichen, ausdrücken und im warmen Zuckerwasser auflösen. Abkühlen lassen und den Champagner zufügen.

Die Mischung in einer »Eis am Stiel«-Form verteilen und Silberlöffel hineinstecken. Am besten die Formen vorher mit Alufolie abdecken, sodass die Silberlöffel in der Mitte platziert werden können. Das Champagnereis sollte 12 Stunden eingefroren werden.

Die Kuvertüre vor dem Servieren schmelzen, damit das Eis in die Schokosoße gedippt werden kann.

Champagner-Muffins

12 Muffins

Für den Boden:
200 g Butter
100 g Zucker
3 Eier
150 g Mehl
50 g Speisestärke
2 TL Backpulver
150 ml Champagner

Für das Frosting:
200 g Butter
150 g Puderzucker
250 g Frischkäse
1 EL Champagner

Den Backofen auf 180 Grad Ober- und Unterhitze vorheizen. Die Butter mit einem Mixer schaumig rühren und den Zucker dazugeben. Die Eier langsam unterrühren.

Das Mehl mit der Speisestärke und dem Backpulver vermischen und den Champagner dazugeben. Die Mischung unter den Teig rühren. Den Teig in Muffinförmchen füllen und 30 Minuten backen lassen. Danach abkühlen.

Während die Muffins kalt werden, kann das Frosting hergestellt werden. Die Butter mit 100 g Puderzucker schaumig rühren. Den Frischkäse und den Champagner langsam mit dem restlichen Puderzucker unter die Butter rühren. Das Frosting mit einer Spritztüte über die Cupcakes verteilen.

Champagner Jello Shots

300 ml Champagner
1 EL Zucker
1 EL Zitronensaft
5 Blatt Gelatine
100 ml Gin
Etwas Goldstaub

Den Champagner zusammen mit dem Zucker und dem Zitronensaft in einen Topf geben und die Gelatine darin einweichen. Alles leicht erwärmen, bis sich die Gelatine aufgelöst hat.

Leicht abkühlen lassen und den Gin dazugeben. Die Flüssigkeit in eine Eiswürfelsilikonform geben und gefrieren lassen. Die Würfel aus der Form lösen und in Champagnergläsern servieren. Mit Goldstaub dekorieren.

Über die Autoren

Claudia Obert, geboren 1961 in Freiburg im Breisgau, ist Modeunternehmerin und Reality-TV-Ikone. Erste öffentliche Bekanntheit erlangte Obert 2012 mit ihrer Teilnahme an der siebten Staffel der Kochsendung *Das perfekte Promi Dinner.* Seither mauserte sich die trinkfeste High-Society-Lady mit regelmäßigen TV-Auftritten zu einem echten Publikumsliebling. Obert lebt in Hamburg, Berlin und auf Ibiza.

Martina Taubert ist die bekannteste deutsche Promi-TV-Journalistin. Seit fast 30 Jahren berichtet sie über Show- und Societygrößen, Superreiche, Stars und Sternchen aus aller Welt. Realitygrößen schätzt sie ebenso wie Hollywoodstars und hat etliche von ihnen für das Fernsehen entdeckt. Sie hat über 3000 TV-Beiträge und TV-Specials produziert. Martina Taubert pendelt zwischen Hamburg und Berlin.